長阿含經選集

(後秦)佛陀耶舍、竺佛念——譯

明宣禍福賢愚之跡。剖判真偽異齊之原。

歷記古今成敗之數。墟域二儀品物之倫。

道無不由。法無不在。譬彼巨海。百川所歸。

【目錄】

說四阿含

梁啟超

長阿含經二十二卷　姚秦罽賓國沙門佛陀耶舍共竺佛念譯

中阿含經六十卷　東晉罽賓國沙門瞿曇僧伽提婆等譯

雜阿含經五十卷　劉宋天竺三藏求那跋陀羅譯

增壹阿含經五十卷　東晉罽賓國沙門瞿曇僧伽提婆等譯

《阿含》與五百結集

阿含亦作阿笈摩，亦作阿含暮，譯言「法歸」，謂萬法所歸趣也。亦言「無比法」，謂法之最上者也。亦言「教」，亦言「傳」，謂輾轉傳來，以法相教授也。本爲佛經總名，今但以施諸小乘焉。

吾研究佛經成立之歷史，擬拈出四箇觀念以爲前提：

一、凡佛經皆非佛在世時所有。無論何乘何部之經，皆佛滅後佛徒所追述。其最初出者在佛滅後數月間，其最晚出者在佛滅五百年以後。

二、佛經之追述，有由團體公開結集者，有由箇人私著者；前者成立之歷史可以確考，後者無從確考。

三、佛經有用單行本形式者，有用叢書形式者，現存之十數部大經，皆叢書也。而此種叢書，性質復分爲二，有在一時代編纂完成者，有歷若干年增補附益而始完成者。

四、凡佛經最初皆無寫本，惟恃闇誦。寫本殆起於佛滅數百年後，隨教所被，各以其國土之語寫焉。質言之，則凡佛經皆翻譯文學也。

四阿含者，則佛滅後第四箇月，由團體公開結集一時編纂完成之四種叢書，歷若干年後，始用數種文字先後寫出者也。此次結集，即歷史上最有名之「五百結集」，其情節具見於《四分律藏》、《彌沙塞五分律》、《摩訶僧祇律》、《善見律》等書，今雜採略述如下：

佛以二月十五日平旦，在俱尸那入滅。時大弟子大迦葉方在葉波國，聞變而歸，既葬佛後，默自思惟：宜集法藏，使正法住世，利益衆生。乃請阿闍世王爲檀越，於王舍城外之畢波羅窟，以六月二十七日開始結集。參與斯會者五百人，迦葉爲上首，先命優婆離結集毗尼，此云律藏，所集者則今之八十誦律是也。次命阿難結集修多羅，此云經藏，亦云法藏，所集者則此諸阿含是也。

阿難，佛之從弟，爲佛侍者二十五年。佛嘗稱其多聞第一，殆記性最强之人也，故結集經藏之大任衆以屬之。結集時用極莊重之儀式，極複雜之程序，以求徵信。阿難登高座，手捉象牙裝扇，迦葉問：「法藏中《梵網經》何處說耶？」阿難答：「王舍城那蘭駄二國中間王菴羅絺屋中說。」「因誰而起？」「因修悲夜波利婆闍迦及婆羅門陀多二人而起。」如是問答本起因緣後，阿難乃誦出佛所說，首唱言：「如是我聞。」誦已，五百羅漢印可之。如是次第誦他經，一切誦已，遂泐爲定本，此阿含之由來也。

何故將《阿含》結集爲四耶？《增壹．序品》云：「時阿難說經無量，誰能備具爲一聚？或有一法義亦深，難持難誦不可憶，我今當集此法義，一一相從不失緒。」據此則似阿難既將諸經誦出後，慮其散漫難記憶，於是謀集爲「一聚」，以叢書的格式總持之。〈序品〉又云：「契經今當分四段，先名《增壹》，二名《中》，三名曰《長》多瓔珞，《雜》經在後爲四分。」此論四種次序，〈分別功德論〉釋之云：「分四段者，文義混雜，宜當以事理相從，大小相次，以一爲本次至十，一二三隨事增上，故名《增壹》；《中》者，不大不小，不長不短，事處中適也；《長》者，說久遠事，歷劫不絕；《雜》者，諸經斷結，難誦難憶，事多雜碎，喜令人忘。」《彌沙塞五分律》云：「迦葉問一切修多羅已，僧中唱言：此是長經，今集爲一部，名《長阿含》；此是不長不短，今集爲一部，名《中阿含》：此是爲優婆塞婆夷天子天女說，今集爲一部，名《雜阿含》：此是從一法增至十一法，今集爲一部，名《增一阿含》。」據此則四部分類命名之意，不過因文字之長短，略爲區分，無甚義例。法華玄義云：「《增一》，明人天因果；《中》，明真寂深義；《雜》，明諸禪定；《長》，破外道。」此說不免杜撰。《四阿含》雖云將諸經加以組織，然此種論理的分類法，似尚非當時所有，以今譯本細按之，亦不能謂某種專明某義也。

數何以限於四？或言仿《四吠陀》，此殆近之。但據《善見律》，則尚有屈陀迦阿含一種，是不止四矣。今錫蘭島所傳巴利文阿含，確有五部，其第五部正名屈陀迦，然不過將四含之文摘要分類編輯，恐非原本。吾竊疑此屈陀迦與大乘經典有關係，語在次篇。

《阿含》在彼土之傳授

《付法藏因緣傳載》有一事，甚可發噱，今節引之：「阿難遊行至一竹林，聞有比丘誦法句偈：『若人生百歲，不見水老鶴，不如生一日，而得睹見之。』阿難語比丘：此非佛語，汝今當聽我演：（原文）『若人生百歲，不解生滅法，不如生一日，而得了解之。』爾時比丘即向其師說阿難語，師告之曰：『阿難老朽，言多錯謬，不可信矣。汝今但當如前而誦。』」

佛經以專恃闇誦不著竹帛之故，所傳意義，輾轉變遷，固意中事。乃至阿難在世時，已有此失，且雖以耆宿碩學如阿難者，猶不能矯正。此孟子所以有「盡信書不如無書」之歎也。不惟轉變而已，且最易遺失。〈分別功德論〉云：「《增壹阿含》本有百事，阿難以授優多羅，出經後十二年，阿難便般涅槃，其後諸比丘各習坐禪，遂廢諷誦，由是此經失九十事。外國法師徒相傳，以口授相付，不聽載文，時所傳者，盡十一事而已。自爾相承，正有今現文爾。優多羅弟子名善覺，從師受誦，僅得十一事，優多羅便涅槃，外國今現三藏者，盡善覺所傳。」

《增壹》一經如此，他經可推。然則即今《阿含》，已不能謂悉爲阿難原本。然印土派別既多，所傳之本，各自不同，《順正理論》云：「雖有衆經，諸部同誦，然其名句，互有差別。」此正如漢初傳經，最尊口說，故諸家篇帙文句，時相乖忤。即以《增壹》言，〈功德論〉又云：「薩婆多家（即說一切有部）無序及後十事。」然則薩婆多所傳，固與善覺本異矣。而今我國譯本，共五十二品，則既非阿難原來之百篇本，亦非善覺之十一篇本，又非薩婆多之九十篇本，是知印土《增壹》，最少當有四異本矣。吾所以喋喋述此者，非好爲瑣末之考證。蓋當時諸部所釋教理，有種種差別，雖同屬一經，其某部所傳之本，自必含有該部獨有之特色，不僅如「水老鶴」等文字之異同而已。試以漢譯《四阿含》與錫蘭之巴利本相較，當能發見許多異議，他日若有能將全世界現存之各種異文異本之阿含，一一比勘，爲綜合研究，追尋其出自何部所傳，而因以考各部思想之異點，則亦學界之一大業也。

我國《阿含》四種，並非同時譯出，其原本亦非同在一處求得，則每種傳授淵源，宜各不同。慈恩謂《四阿含》皆大衆部誦出；法幢謂《增壹》依大衆部，《中》、《雜》依一切有部，《長阿含》依化地部，未審何據。今於次節述傳譯源流，略考其分別傳受之緒焉。

《阿含》傳譯源流

我國譯經，最初所譯爲「法句類」，即將經中語節要鈔錄之書也。次即分譯《阿含》小品，蓋《阿含》乃叢書體裁，諸品本自獨立成篇，不以割裂爲病也。今舉藏中現存《阿含》異譯諸經爲左表：

◉《增壹阿含經》別出異譯

經名	今本	譯人
婆羅門避死經	增上品	漢安世高
阿那邠邸化七子經	非常品	同
舍利弗目犍連遊四衢經	馬王品	漢康孟詳
七佛父母姓字經	十不善品	曹魏失名
須摩提女經	須陀品	吳支謙
三摩竭經	同	吳竺律炎
波斯匿王太后崩經	四意斷品	西晉釋法炬
頻婆娑羅詣佛供養經	等見品	同
大愛道般涅槃經	般涅槃品	西晉帛法祖
舍衛國王夢見十事經	同	西晉失名
央崛魔經	力品	西晉竺法護
力士移山經	八難品	同

四未曾有法經	同	同
玉耶女經	非常品	西晉失名
放牛經	放牛品	姚秦鳩摩羅什
四泥犁經	禮三寶品	東晉曇無蘭
玉耶經	非常品	同
不黎先尼十夢經	涅槃品	同
食施獲五福報經	善聚品	東晉失名
四人出現世間經	四意斷品	劉宋求那跋陀羅
十一想思念如來經	禮三寶品	同
阿遬達經	非常品	同
長者子六過出家經	邪聚品	劉宋慧簡
佛母般泥洹經	涅槃品	同

◉《中阿含經》別出異譯

經名	今本	譯人
一切流攝守因經	漏盡經	漢安世高
四諦經	聖諦經	同
本相倚致經	本際經	同
是法非法經	真人經	同
漏分布經	達梵行經	同
命終愛念不離經	愛生經	同
阿那律八念經	八念經	漢支曜
苦陰經	苦陰經上	漢失名
魔嬈亂經	降魔經	同
七知經	善法經	吳支謙
釋摩男本經	苦陰經下	同

諸法本經	諸法本經	同
弊魔試目連經	降魔經	同
賴吒和羅經	賴吒和羅經	同
梵摩喻經	梵摩經	同
齋經	持齋經	同
恒水經	瞻波經	西晉釋法炬
頂生王故事經	四洲經	同
求欲經	穢經	同
苦陰因事經	苦陰經下	同
瞻婆比丘經	大品瞻波經	同
數經	算數目連經	同
善生子經	善生經	西晉支法度
離睡經	上曾睡眠經	西晉竺法護

受歲經	比丘請經	同
樂想經	想經	同
尊上經	中禪室尊經	同
意經	心經	同
應法經	受法經下	同
鹹水喻經	七水喻經	西晉失名
兜調經	鸚鵡經	同
鐵城泥犁經	天使經	東晉曇無蘭
阿耨颰經	阿奴波經	同
泥犁經	癡慧地經	同
古來世時經	説本經	東晉失名
梵志計水淨經	水淨梵志經	同
慈心厭離功德經	須達多經少分	同

箭喻經	箭喻經	同
文竭陀王經	四洲經	北涼曇無讖
八關齋經	持齋經（不全）	北涼沮渠京聲
閻羅王五天使者經	天使經	劉宋慧簡
瞿曇彌記果經	瞿曇彌經	同
鸚鵡經	鸚鵡經	劉宋求那跋陀羅
鞞摩肅經	鞞摩那修經	同

◉《長阿含經》別出異譯

經名	今本	譯人
長阿含十報法經	十上經	漢安世高
人本欲生經	大緣方便經	同

尸迦羅越六方禮經	善生經	同
梵志阿颰經	阿摩晝經	吳支謙
梵網六十二見經	梵動經	同
佛般泥洹經	遊行經	西晉白法祖
樓炭經	世記經	西晉釋法炬
大般涅槃經	遊行經	東晉釋法顯
方等泥洹經	同	東晉失名
寂志果經	沙門果經	東晉曇無蘭

◉《雜阿含經》別出異譯

經名	今本	譯人
七處三觀經	卷二・卷三十四	漢安世高

五陰譬喻經	卷十	同
轉法輪經	卷十五	同
八正道經	卷二十八	同
馬有三相經	卷三十三	漢支曜
馬有八態譬人經	同	同
不自守意經	卷十一	吳支謙
雜阿含經（一卷）	大部中撮要	吳失名
聖法印經	卷三	西晉竺法護
難提釋經	卷三十	西晉釋法炬
相應相可經	單卷本	同
水沫所漂經	卷十	東晉曇無蘭
戒德香經	卷三十八	同
滿願子經	卷十三	東晉失名

讀右表者，可以了然於《阿含》之實爲叢書性質，實合多數之單行本小經而成，彼土亦各別誦習。而初期大譯家安世高支謙法護法炬之流，百餘年間，皆從事於此種單行本之翻譯，其曾否知爲同出一叢書，蓋未敢言耳。四含所有經總數幾何，不能確考。按漢譯今本，《長含》共三十經，《中含》二百二十二經，《增含》七十二經，《雜含》短而多，不能舉其數，大約在一千二三百以上，合計殆逾二千種矣，然必猶未全。今檢各經錄中小乘經存佚合計，蓋盈千種，竊謂其中除出十數種外，殆皆《阿含》遺文也。

前此之零碎單譯，自然不饜人意。逮東晉之初而《阿含》全譯之要求起焉，先出者爲增、中，其次則長，最後乃雜，前後垂六十年，而茲業乃完。今考其年代及譯人列爲左表。

	年代		譯人		
	出書年	雜考證	主譯者	助譯者	關係者
增壹阿含	苻秦建元二十年（三八四）		曇摩難提	竺佛念 曇嵩	趙文業 道安 法和 僧䂮 僧茂
中阿含	東晉隆安二年（三九八）	道安難提等先已與增壹同時譯出因多未愜至是始重譯	僧伽提婆 僧伽羅叉	道慈	法和 王元琳
長阿含	姚秦弘始十五年（四一三）		佛陀耶舍	竺佛念 道含	僧肇 姚爽
雜阿含	劉宋元嘉二十年（四四三）	藏中有別譯雜阿含十六卷舊作二十卷附秦錄中殆譯而未成者不審其爲苻秦爲姚也	求那跋陀羅	法勇	原本乃法顯從師子國攜歸

譯業創始之功，端推道安。其譯《增》、《中》二含，正值苻堅覆國之年。序所謂「此年有阿城之役，伐鼓近郊」者也。蓋在圍城之中，倉卒殺青，逾年而安遂亡。道慈所謂「譯人造次，違失本旨，良匠去世（指安公），弗獲改正也。」故此秦譯二書，皆可謂未定稿，然《增壹》遂終弗克改。今藏中所存即建元二十年本也。《長阿含》以法和提婆之努力，又得羅叉從罽賓新來爲之助，卒成第二譯，而初譯今不復見矣。《雜阿含》既舊有秦譯，不知其出道安時耶？出羅什時耶？《長阿含》之譯，則史蹟最簡矣。

吾述四含傳譯淵源，忽引起一別種興味，即欲因各書之譯人以推求其書爲何宗派所傳本也。印度小乘派二十部，皆宗阿含，其所誦習本各部有異同。具如前引〈分別功德論〉所說，漢譯四含，或云皆出大宗部；或云《增壹》依大宗部，《中、雜》依一切有部，《長》依化地部，未審其說所自出。今以此四書之譯人及其他材料校之，吾欲立爲臆說如下：

一、《增壹阿含》疑依「一切有部」本而以「大衆部」本修補。《增壹》譯者曇摩難提，兜佉勒人。兜佉勒，似爲「一切有部」勢力範圍。近年歐人在庫車發掘，得有用月氏文字所書之波羅提木叉（戒律），即羅什所譯「薩婆多部」之十誦比丘尼戒本也。結集毗婆沙之迦膩色迦王，即月氏種，與「有部」因緣極深。兜佉勒服屬於彼，用其文字，則其學出於「有部」固宜，據〈分別功德論〉，他部之增壹皆僅存十一品，惟「有部」本存九十品；今此本有五十一品，益足爲傳自「有部」之據。所以不滿九十品者，或是譯業未竟。蓋譯時方在圍城中，未久而苻秦遂滅也。〈功德論〉又云：「薩婆多家無序。」而安公《增壹．序》亦云：「失其錄偈。」所謂序所謂錄偈，似即指序品，然則今序品一卷，或非原譯所有，而後人別採他部本以補之，其所採者或即「大眾部」本，故慈恩謂出自「大眾」也，序品多大乘家言，自當與「大眾部」有因緣。

二、《中阿含》疑出「一切有部」。初譯本《中含》與《增壹》同出曇摩難提，已足爲傳自「有部」之證。今所傳隆安二年再治本，由僧加羅叉講梵本，僧伽提婆轉梵爲晉，二人皆罽賓人（即迦濕彌羅）。罽賓爲

「有部」之根據地，衆所共知。提婆別譯《阿毗曇八犍度論》（迦旃延之《發智論》），實「有部」最重要之書。羅叉續成羅什之十誦律，亦「有部」律也，然則創譯中含之三人，皆「有部」大師，法幢謂中含傳自「有部」，當爲信史也。

三、《長阿含》疑出「曇無德部」。《長阿含》譯者佛陀耶舍亦罽賓人，但「曇無德部」之四分律，即由彼誦出，知彼當屬「德部」，則所誦《長阿含》，或亦用「德部」本也。

四、《雜阿含》疑出「彌沙塞部」。《雜阿含》譯者求那跋陀羅，中天竺人，本以大乘名家，於小乘諸部當無甚關係。惟《雜阿含》原本之入中國，實由法顯，法顯得此於師子國（即錫蘭），同時並得彌沙塞律，然則此本與「塞部」當有關係。「塞部」本盛於南天竺，則師子國固宜受其影響，求那東渡之前，固亦久淹師子也。

右所考證，似無關宏旨。然古代印土各部之學說，傳於今者極希（除有部外），若能在四含中覓得一二，亦治印度思想史之一助也。

《阿含》研究之必要及其方法

我國自隋唐以後，學佛者以談小乘為恥！《阿含》束閣，蓋千年矣。吾以為真欲治佛學者，宜有事於《阿含》，請言其故：

第一、《阿含》為最初成立之經典，以公開的形式結集，最為可信。以此之故，雖不敢謂佛說盡於《阿含》，然阿含必為佛說極重之一部分無疑。

第二、佛經之大部分皆為文學之作品（補敘點染），《阿含》雖亦不免，然視他經為少，比較的近於樸實說理。以此之故，雖不敢謂《阿含》一字一句悉為佛語，然所含佛語分量之多且純，非他經所及。

第三、《阿含》實一種言行錄的體裁，其性質略同《論語》，欲體驗釋尊之現實的人格，舍此末由。

第四、佛教之根本原理，如四聖諦、十二因緣、五蘊皆空、業感輪迴、四念處、八正道等，皆在《阿含》中詳細說明，若對於此等不能得明確觀念，則讀一切大乘經論，無從索解。

第五、《阿含》不惟與大乘經不衝突，且大乘教義，含孕不少，不容訶爲偏小，率爾唾棄。

第六、《阿含》敍述當時社會情事最多，讀之可以知釋尊所處環境及其應機宣化之苦心。吾輩異國異時代之人，如何始能受用佛學，可以得一種自覺。

研究《阿含》之必要且有益，既如此，但《阿含》研究之所以不普及者，亦有數原因：

一、卷帙浩繁。

二、篇章重複，《四阿含》中有彼此互相重複者；有一部之中前後重複者。大約釋尊同一段話，在《四阿含》中平均總是三見或四見，文句皆有小小同異。

三、辭語連犿。吾輩讀《阿含》，可想見當時印度人言語之繁重，蓋每說一義，恆從正面、反面以同一辭句翻覆詮釋，且問答之際，恆彼此互牒前言，故往往三四千字之文，不獨所詮之義僅一兩點，乃至辭語亦足有十數句，讀者稍粗心，幾不審何者爲正文？何者爲襯語？故極容易生厭。

四、譯文拙澀。《增》、《中》二含，殺青於戎馬之中。《中》雖再治，《增》猶舊貫，文義之間，譯者已自覺不愜。《長、雜》晚出，稍勝前作。然要皆當譯業草創時代，譯人之天才及素養，皆不逮後賢。且所用術語，多經後賢改訂漸成殭廢，故讀之益覺詰籟爲病。

故今日欲復興「阿含學」，宜從下列各方法著手：

第一、宜先將重要教理列出目錄，如說苦，說無常，說無我，說因緣生法，說五取蘊，說四禪等等，約不過二三十目便足。然後將各經按目歸類，以一經或二、三經爲主，其他經有詳略異同者，低格附錄，其全同者則僅存其目，似此編纂一過，大約不過存原本十分之一，而阿含中究含有若干條重要教理，各教理之內容何如，彼此關係何如，都可以瞭解，原始佛教之根本觀念，於是確立。

第二、將經中涉及印度社會風俗者，另分類編之，而觀其與佛教之關係。如觀四姓階級制之記述，因以察佛教之平等精神；觀種種祭祀儀法之記述，因以察佛教之破除迷信。

第三、宜注重地方及人事，將釋尊所居游之地見於經中者列成一表，看其在某處說法最多，某處某處次多；在某處多說某類之法，又將釋尊所接之人——若弟子、若國王長者、若一般常人、若外道等等，各列爲表，而觀其種種說法，如是則可以供釋迦傳、釋迦弟子傳、印度史等正確之資料。

以上不過隨想所及，拈舉數端，實則四含爲東方文化一大寶藏，無論從何方面研索，皆有價值也。

大本經

如是我聞：

一時，佛在舍衛國祇樹花林窟，與大比丘衆千二百五十人俱。

時，諸比丘於乞食後，集花林堂。各共議言：「諸賢比丘！唯無上尊爲最奇特，神通遠達，威力弘大，乃知過去無數諸佛，入於涅槃，斷諸結使，消滅戲論。又知彼佛劫數多少，名號、姓字，所生種族，其所飲食，壽命脩短，所更苦樂。又知彼佛有如是戒，有如是法，有如是慧，有如是解，有如是住。云何，諸賢！如來爲善別法性，知如是事，爲諸天來語，乃知此事？」

爾時，世尊在閑靜處，天耳清淨，聞諸比丘作如是議，即從座起，詣花林堂，就座而坐。

爾時，世尊知而故問，謂：「諸比丘！汝等集此，何所語議？」時，諸比丘具以事答。

爾時，世尊告諸比丘：「善哉！善哉！汝等以平等信，出家修道，諸所應行，凡有二業：一曰賢聖講法，二曰賢聖默然。汝等所論，正應如是。如來神通，威力弘大，盡知過去無數劫事，以能善解法性故知；亦以諸天來語故知。佛時頌曰：

比丘集法堂，講說賢聖論；如來處靜室，天耳盡聞知。
佛日光普照，分別法界義；亦知過去事，三佛般泥洹。
名號姓種族，受生分亦知；隨彼之處所，淨眼皆記之。
諸天大威力，容貌甚端嚴；亦來啓告我，三佛般泥洹。
記生名號姓，哀鸞音盡知；無上天人尊，記於過去佛。

又告諸比丘：「汝等欲聞如來識宿命智，知於過去諸佛因緣不？我當說之。」

時，諸比丘白佛言：「世尊！今正是時，願樂欲聞。善哉！世尊！以時講說，當奉行之。」

佛告諸比丘：「諦聽！諦聽！善思念之，吾當爲汝分別解說。」時，諸比丘受教而聽。

佛告諸比丘：「過去九十一劫，時，世有佛名毗婆尸如來、至真，出現於世。復次，比丘！過去三十一劫，有佛名尸棄如來、至真，出現於世。復次，比丘！即彼三十一劫中，有佛名毗舍婆如來、至真，出現於世。復次，比丘！此賢劫中有佛名拘樓孫，又名拘那含，又名迦葉。我今亦於賢劫中成最正覺。」佛時頌曰：

過九十一劫，有毗婆尸佛；次三十一劫，有佛名尸棄；
即於彼劫中，毗舍如來出。今此賢劫中，無數那維歲；
有四大仙人，愍衆生故出：拘樓孫那含，迦葉釋迦文。

「汝等當知，毗婆尸佛時，人壽八萬歲。尸棄佛時，人壽七萬歲。毗舍婆佛時，人壽六萬歲。拘樓孫佛時，人壽四萬歲。拘那含佛時，人壽三萬歲。迦葉佛時，人壽二萬歲。我今出，世人壽百歲，少出多減。」佛時頌曰：

毗婆　時人，壽八萬四千；　棄佛時人，壽命七萬歲；
毗舍婆時人，壽命六萬歲；拘樓孫時人，壽命四萬歲；
拘那含時人，壽命三萬歲；迦葉佛時人，壽命二萬歲；
如我今時人，壽命不過百。

毗婆尸佛出剎利種，姓拘利若；尸棄佛、毗舍婆佛種，姓亦爾。拘樓孫佛出婆羅門種，姓迦葉；拘那含佛、迦葉佛種，姓亦爾。我今如來、至真，出剎利種，姓名曰瞿曇。」佛時頌曰：

毗婆尸如來，尸棄毗舍婆，此三等正覺，出拘利若姓。
自餘三如來，出於迦葉姓。我今無上尊，導御諸衆生；
天人中第一，勇猛姓瞿曇。前三等正覺，出於剎利種；
其後三如來，出婆羅門種；我今無上尊，勇猛出剎利。

「毗婆尸佛坐波波羅樹下成最正覺，尸棄佛坐分陀利樹下成最正覺，毗舍婆佛坐娑羅樹下成最正覺，拘樓孫佛坐尸利沙樹下成最正覺，拘那含佛坐優曇婆羅樹下成最正覺，迦葉佛坐尼拘類樹下成最正覺，我今如來、至真，坐鉢多樹下成最正覺。」佛時頌曰：

毗婆尸如來，往詣波羅樹；即於彼處所，得成最正覺。
尸棄分陀樹，成道滅有原。毗舍婆如來，坐娑羅樹下；
獲解脫知見，神足無所礙。拘樓孫如來，坐尸利沙樹；
一切智清淨，無染無所著。拘那含牟尼，坐烏暫樹下；
即於彼處所，滅諸貪憂惱。迦葉如來坐，尼拘類樹下；
即於彼處所，除滅諸有本。我今釋迦文，坐於鉢多樹。
如來十力尊，斷滅諸結使；摧伏眾魔怨，在眾演大明。
七佛精進力，放光滅闇冥；各各坐諸樹，於中成正覺。

「毗婆尸如來三會說法，初會弟子有十六萬八千人，二會弟子有十萬人，三會弟子有八萬人。尸棄如來亦三會說法，初會弟子有十萬人，二會弟子有八萬人，三會弟子有七萬人。毗舍婆如來二會說法，初會弟子有七萬人，次會弟子有六萬人。拘樓孫如來一會說法，弟子四萬人。拘那含如來一會說法，弟子三萬人。迦葉如來一會說法，弟子二萬人。我今一會說法，弟子千二百五十人。」佛時頌曰：

毗婆尸名觀，智慧不可量；遍見無所畏，三會弟子衆。
尸棄光無動，能滅諸結使；無量大威德，無能測量者；
彼佛亦三會，弟子普共集。毗舍婆斷結，大仙人要集；
名聞於諸方，妙法大名稱；二會弟子衆，普演深奧義。
拘樓孫一會，哀愍療諸苦；導師化衆生，一會弟子衆。
拘那含如來，無上亦如是；紫磨金色身，容貌悉具足。
一會弟子衆，普演微妙法。迦葉一一毛，一心無亂想；
一語不煩重，一會弟子衆。能仁意寂滅，釋種沙門上；
天中天最尊，我一會弟子。彼會我現義，演布清淨教；

心常懷歡喜，漏盡盡後有。毗婆　棄三，毗舍婆佛二；
四佛各各一，仙人會演說。

「時，毗婆尸佛有二弟子：一名騫茶，二名提舍，諸弟子中最爲第一。尸棄佛有二弟子：一名阿毗浮，二名三婆婆，諸弟子中最爲第一。毗舍婆佛有二弟子：一名扶遊，二名鬱多摩，諸弟子中最爲第一。拘樓孫佛有二弟子：一名薩尼，二名毗樓，諸弟子中最爲第一。拘那含佛有二弟子：一名舒槃那，二名鬱多樓，諸弟子中最爲第一。迦葉佛有二弟子：一名提舍，二名婆羅婆，諸弟子中最爲第一。今我二弟子：一名舍利弗，二名目犍連，諸弟子中最爲第一。」佛時頌曰：

騫茶提舍等，毗婆尸弟子；阿毗浮三婆，尸棄佛弟子。
扶遊鬱多摩，弟子中第一，二俱降魔怨，毗舍婆弟子。
薩尼毗樓等，拘樓孫弟子；舒槃鬱多樓，拘那含弟子；
提舍婆羅婆，迦葉佛弟子；舍利弗目連，是我第一子。

「毗婆尸佛有執事弟子，名曰無憂。尸棄佛執事弟子，名曰忍行。毗舍婆佛有執事弟子，名曰寂滅。拘樓孫佛有執事弟子，名曰善覺。拘那含佛有執事弟子，名曰安和。迦葉佛有執事弟子，名曰善友。我執事弟子，名曰阿難。」佛時頌曰：

無憂與忍行，寂滅及善覺，安和善友等，阿難為第七。
此為佛侍者，具足諸義趣；晝夜無放逸，自利亦利他。
此七賢弟子，侍七佛左右；歡喜而供養，寂然歸滅度。

「毗婆尸佛有子，名曰方膺。尸棄佛有子，名曰無量。毗舍婆佛有子，名曰妙覺。拘樓孫佛有子，名曰上勝。拘那含佛有子，名曰導師。迦葉佛有子，名曰集軍。今我有子，名曰羅睺羅。」佛時頌曰：

方膺無量子，妙覺及上勝，導師集軍等，羅睺羅第七。
此諸豪貴子，紹繼諸佛種；愛法好施惠，於聖法無畏。

婆提。

「毗婆尸佛父名槃頭，剎利王種，母名槃頭婆提，王所治城名曰槃頭婆提。」佛時頌曰：

遍眼父槃頭，母槃頭婆提；槃頭婆提城，佛於中說法。

佛時頌曰：

「尸棄佛父名曰明相，剎利王種，母名光曜，王所治城名曰光相。」

尸棄父明相，母名曰光曜；於光相城中，威德降外敵。

佛時頌曰：

「毗舍婆佛父名善燈，剎利王種，母名稱戒，王所治城名曰無喻。」

毗舍婆佛父，善燈剎利種；母名曰稱戒，城名曰無喻。

佛時頌曰：

「拘樓孫佛父名祀得，婆羅門種，母名善枝，王名安和，隨王名故城名安和。」佛時頌曰：

祀得婆羅門，母名曰善枝；王名曰安和，居在安和城。

「拘那含佛父名大德，婆羅門種，母名善勝，是時王名清淨，隨王名故城名清淨。」佛時頌曰：

大德婆羅門，母名曰善勝；王名曰清淨，居在清淨城。

「迦葉佛父名曰梵德，婆羅門種，母名曰財主，時王名汲毗，王所治城名波羅㮈。」佛時頌曰：

梵德婆羅門，母名曰財主；時王名汲毗，在波羅㮈城。

「我父名淨飯，剎利王種，母名大化，王所治城名迦毗羅衛。」佛時頌曰：

父剎利淨飯，母名曰大化；土廣民豐饒，我從彼而生。

「此是諸佛因緣、名號、種族、所出生處，何有智者聞此因緣而不歡喜，起愛樂心？」

爾時，世尊告諸比丘：「吾今欲以宿命智說過去佛事，汝欲聞不？」

諸比丘對曰：「今正是時，願樂欲聞！」

佛告諸比丘：「諦聽！諦聽！善思念之，吾當為汝分別解說。比丘！當知諸佛常法：毗婆尸菩薩從兜率天降神母胎，從右脅入，正念不亂。當於爾時，地為震動，放大光明，普照世界，日月所不及處皆蒙大明，幽冥眾生，各相睹見，知其所趣。時，此光明復照魔宮，諸天、釋、梵、沙門、婆羅門及餘眾生普蒙大明，諸天光明自然不現。」佛時頌曰：

密雲聚虛空，電光照天下，毗婆尸降胎，光明照亦然；
日月所不及，莫不蒙大明，處胎淨無穢，諸佛法皆然。

「諸比丘！當知諸佛常法，毗婆尸菩薩在母胎時，專念不亂，有四天子，執戈矛侍護其人，人與非人不得侵嬈，此是常法。」佛時頌曰：

四方四天子，有名稱威德，天帝釋所遣，善守護菩薩。
手常執戈矛，衞護不去離，人非人不嬈，此諸佛常法。
天神所擁護，如天女衞天，眷屬懷歡喜，此諸佛常法。

又告比丘：「諸佛常法：毗婆尸菩薩從兜率天降神母胎，專念不亂，母身安隱，無衆惱患，智慧增益，母自觀胎，見菩薩身諸根具足，如紫磨金，無有瑕穢。猶如有目之士觀淨琉璃，內外清徹，無衆障翳。諸比丘！此是諸佛常法。」爾時，世尊而說偈言：

如淨琉璃球，其明如日月；仁尊處母胎，其母無惱患。
智慧爲增益，觀胎如金像；母懷妊安樂，此諸佛常法。

佛告比丘：「毗婆尸菩薩從兜率天降神母胎，專念不亂，母心清淨，無衆欲想，不爲淫火之所燒然，此是諸佛常法。」爾時，世尊而說偈言：

菩薩住母胎，天中天福成；其母心清淨，無有衆欲想。
捨離諸淫欲，不染不親近；不爲欲火燃，諸佛母常淨。

佛告比丘：「諸佛常法：毗婆尸菩薩從兜率天降神母胎，專念不亂，其母奉持五戒，梵行清淨，篤信仁愛，諸善成就，安樂無畏，身壞命終，生忉利天，此是常法。」爾時，世尊而說偈言：

持人中尊身，精進戒具足，後必受天身，此緣名佛母。

佛告比丘：「諸佛常法：毗婆尸菩薩當其生時，從右脅出，地爲震動，光明普照。始入胎時，闇冥之處，無不蒙明，此是常法。」爾時，世尊而說偈言：

太子生地動，大光靡不照，此界及餘界，上下與諸方。
放光施淨目，具足於天身，以歡喜淨音，轉稱菩薩名。

佛告比丘：「諸佛常法：毗婆尸菩薩當其生時，從右脅出，專念不亂。時，菩薩母手攀樹枝，不坐不臥。時，四天子手奉香水，於母前立言：『唯然，天母！今生聖子，勿懷憂慼。』此是常法。」爾時，世尊而說偈言：

佛母不坐臥，住戒修梵行；生尊不懈怠，天人所奉侍。

佛告比丘：「諸佛常法：毗婆尸菩薩當其生時，從右脅出，專念不亂，其身清淨，不爲穢惡之所汙染。猶如有目之士，以淨明珠投白繒上，兩不相汙，二俱淨故。菩薩出胎亦復如是，此是常法。」爾時，世尊而說偈言：

猶如淨明珠，投繒不染汙；菩薩出胎時，清淨無染汙。

佛告比丘：「諸佛常法：毗婆尸菩薩當其生時，從右脅出，專念不亂。從右脅出，墮地行七步，無人扶持，遍觀四方，舉手而言：『天上天下唯我爲尊，要度衆生生老病死。』此是常法。」爾時，世尊而說偈言：

猶如師子步，遍觀於四方；墮地行七步，人師子亦然。
又如大龍行，遍觀於四方；墮地行七步，人龍亦復然。
兩足尊生時，安行於七步；觀四方舉聲，當盡生死苦。
當其初生時，無等等與等，自觀生死本，此身最後邊。

佛告比丘：「諸佛常法：毗婆尸菩薩當其生時，從右脅出，專念不亂，二泉湧出，一溫一冷，以供澡浴，此是常法。」爾時，世尊而說偈言：

兩足尊生時，二泉自涌出；以供菩薩用，遍眼浴清淨。
二泉自涌出，其水甚清淨；一溫一清冷，以浴一切智。

「太子初生，父王槃頭召集相師及諸道術，令觀天子，知其吉凶。時，諸相師受命而觀，即前披衣，見有具相，占曰：『有此相者，當趣二處，必然無疑。若在家者，當爲轉輪聖王。王四天下，四兵具足，以正法治，無有偏枉，恩及天下，七寶自至，千子勇健，能伏外敵，兵杖不用，天下太平。若出家學道，當成正覺，十號具足。』

時，諸相師即白王言：『王所生子，有三十二相，當趣二處，必然無疑。在家當爲轉輪聖王；若其出家，當成正覺，十號具足。』」佛時頌曰：

百福太子生，相師之所記，如典記所載，趣二處無疑。
若其樂家者，當爲轉輪王，七寶難可獲，爲王寶自至。
真金千輻具，周匝金輞持，轉能飛遍行，故名爲天輪。
善調七支住，高廣白如雪，能善飛虛空，名第一象寶。
馬行周天下，朝去暮還食，朱髦孔雀咽，名爲第三寶。
清淨琉璃珠，光照一由旬，照夜明如晝，名爲第四寶。
色聲香味觸，無有與等者，諸女中第一，名爲第五寶。

獻王琉璃寶，珠玉及衆珍，歡喜而貢奉，名爲第六寶。
如轉輪王念，軍衆速來去，捷疾如王意，名爲第七寶。
此名爲七寶，輪象馬純白，居士珠女寶，典兵寶爲七。
觀此無有厭，五欲自娛樂，如象斷羈絆，出家成正覺。
王有如是子，二足人中尊，處世轉法輪，道成無懈怠。

「是時，父王慇勤再三，重問相師：『汝等更觀太子三十二相，斯名何等？』時，諸相師即披太子衣，說三十二相：『一者足安平，足下平滿，蹈地安隱。二者足下相輪，千輻成就，光光相照。三者手足網縵，猶如鵝王。四者手足柔軟，猶如天衣。五者手足指纖，長無能及者。六者足跟充滿，觀視無厭。七者鹿膊腸，上下䐿直。八者鉤鎖骨，骨節相鉤，猶如鎖連。九者陰馬藏。十者平立垂手過膝。十一、一毛孔一毛生，其毛右旋，紺琉璃色。十二、毛生右旋，紺色仰靡。十三、身黃金色。十四、皮膚細軟，不受塵穢。十五、兩肩齊亭，充滿圓好。十六、胸有萬字。十七、身長倍人。十八、七處平滿。十九、身長廣等，如尼拘類樹。二十、頰車如師子。二十一、胸膺方整如師子。二十二、口四十齒。二十三、方整齊平。二十四、齒密無間。二十五、齒白鮮明。二十六、咽喉清淨，所食衆味，無不稱適。二十七、廣長舌，左右舐耳。二十八、梵音清徹。二十九、眼紺青色。三十、眼如牛王，眼上下俱眴。三十一、眉間白毫柔軟細澤，引長一尋，放則右旋螺如真珠。三十二、頂有肉髻。是爲三十二相。』」即說頌曰：

善住柔軟足，不蹈地跡現。千輻相莊嚴，光色靡不具。
如尼拘類樹，縱廣正平等。如來未曾有，秘密陰馬藏。
金寶莊嚴身，衆相互相映。雖順俗流行，塵土亦不汙。
天色極柔軟，天蓋自然覆。梵音身紫金，如華始出池。
王以問相師，相師敬報王。稱讚菩薩相，舉身光明具。
手足諸支節，中外靡不現。食味盡具足，身正不傾斜。

足下輪相現，其音如哀鸞。𦟛腨形相具，宿業之所成。
臂肘圓滿好，眉目甚端嚴。人中師子尊，威力最第一。
其頰車方整，臥脅如師子。齒方整四十，齊密中無間。
梵音未曾有，遠近隨緣到。平立不傾身，二手摩捫膝。
手齊整柔軟，人尊美相具。一孔一毛生，手足網縵相。
肉髻目紺青，眼上下俱眴。兩肩圓充滿，三十二相具。
足跟無高下，鹿𨉖腸纖𦟛。天中天來此，如象絕羈絆；
解脫衆生苦，處生老病死。以慈悲心故，爲說四真諦；
開演法句義，令衆奉至尊。

佛告比丘：「毗婆尸菩薩生時，諸天在上，於虛空中手執白蓋寶扇，以障寒暑、風雨、塵土。」佛時頌曰：

人中未曾有，生於二足尊；諸天懷敬養，奉寶蓋寶扇。

「爾時，父王給四乳母：一者乳哺，二者澡浴，三者塗香，四者娛樂。歡喜養育，無有懈倦。」於是頌曰：

乳母有慈愛，子生即付養；一乳哺一浴，二塗香娛樂。
世間最妙香，以塗人中尊。

「爲童子時，舉國士女視無厭足。」於是頌曰：

多人所敬愛，如金像始成；男女共諦觀，視之無厭足。

「爲童子時，舉國士女衆共懷抱，如觀寶華。」於是頌曰：

二足尊生時，多人所敬愛；展轉共懷抱，如觀寶花香。

「菩薩生時，其目不眴，如忉利天。以不眴故，名毗婆尸。」於是頌曰：

天中天不眴，猶如忉利天；見色而正觀，故號毗婆尸。

「菩薩生時，其聲清徹，柔軟和雅，如迦羅頻伽鳥聲。」於是頌曰：

猶如雪山鳥，飲華汁而鳴；其彼二足尊，聲清徹亦然。

「菩薩生時，眼能徹視見一由旬。」於是頌曰：

清淨業行報，受天妙光明；菩薩目所見，周遍一由旬。

「菩薩生時，年漸長大，在天正堂，以道開化，恩及庶民，名德遠聞。」於是頌曰：

童幼處正堂，以道化天下；決斷衆事務，故號毗婆尸。

清淨智廣博，甚深猶大海；悅可於羣生，使智慧增廣。

「於時，菩薩欲出遊觀，告敕御者嚴駕寶車，詣彼園林，巡行遊觀。

御者即便嚴駕訖已，還白：『今正是時。』太子即乘車詣彼園觀。於其中路見一老人，頭白齒落，面皺身僂，拄杖羸步，喘息而行。太子顧問侍者：『此爲何人？』答曰：『此是老人。』又問：『何如爲老？』答曰：『夫老者生壽向盡，餘命無幾，故謂之老。』太子又問：『吾亦當爾，不免此患耶？』答曰：『然，生必有老，無有豪賤。』於是，太子悵然不悅，即告侍者迴駕還宮，靜默思惟，念此老苦，吾亦當有。」佛於是頌曰：

見老命將盡，拄杖而羸步，菩薩自思惟，吾未免此難。

「爾時，父王問彼侍者：『太子出遊，歡樂不耶？』答曰：『不樂。』又問其故，答曰：『道逢老人，是以不樂。』爾時，父王默自思念：昔日相師占相太子，言當出家，今者不悅，得無爾乎？當設方便，使處深宮，五欲娛樂，以悅其心，令不出家。即便嚴飾宮館，簡擇婇女以娛樂之。」佛於是頌曰：

父王聞此言，方便嚴宮館；增益以五欲，欲使不出家。

「又於後時，太子復命御者嚴駕出遊。於其中路逢一病人，身羸腹大，面目黧黑，獨臥糞穢，無人瞻視，病甚苦毒，口不能言。顧問御者：『此爲何人？』答曰：「此是病人。』問曰：『何如爲病？』答曰：『病者，衆痛迫切，存亡無期，故曰病也。』又曰：『吾亦當爾，未免此患耶？』答曰：『然，生則有病，無有貴賤。』於是，太子悵然不悅，即告御者迴車還宮。靜默思惟：念此病苦，吾亦當爾。」佛於是頌曰：

見彼久病人，顏色爲衰損；靜默自思惟，吾未免此患。

「爾時，父王復問御者：『太子出遊，歡樂不耶？』答曰：『不樂。』又問其故，答曰：『道逢病人，是以不樂。』於是父王默然思惟：昔日相師占相太子，言當出家，今日不悅，得無爾乎？吾當更設方便，增諸伎樂，以悅其心，使不出家。即復嚴飾宮館，簡擇婇女以娛樂之。」佛於是頌曰：

色聲香味觸，微妙可悅樂，菩薩福所致，故娛樂其中。

「又於異時，太子復敕御者嚴駕出遊。於其中路逢一死人，雜色繒幡前後導引，宗族親里悲號哭泣，送之出城。太子復問：『此為何人？』答曰：『此是死人。』問曰：『何如為死？』答曰：『死者，盡也。風先火次，諸根壞敗，存亡異趣，室家離別，故謂之死。』太子又問御者：『吾亦當爾，不免此患耶？』答曰：『然，生必有死，無有貴賤。』於是，太子悵然不悅，即告御者迴車還宮，靜默思惟，念此死苦，吾亦當然。」佛時頌曰：

始見有人死，知其復更生；靜默自思惟，吾未免此患。

「爾時，父王復問御者：『太子出遊，歡樂不耶？』答曰：『不樂。』又問其故，答曰：『道逢死人，是故不樂。』於是父王默自思念：昔日相師占相太子，言當出家，今日不悅，得無爾乎？吾當更設方便，增諸伎樂以悅其心，使不出家。即復嚴飾宮館，簡擇婇女以娛樂之。」佛於是頌曰：

童子有名稱，婇女衆圍遶；五欲以自娛，如彼天帝釋。

「又於異時，復敕御者嚴駕出遊，於其中路逢一沙門，法服持鉢，視地而行。即問御者：『此爲何人？』御者答曰：『此是沙門。』又問：『何謂沙門？』答曰：『沙門者，捨離恩愛，出家修道，攝御諸根，不染外欲，慈心一切，無所傷害，逢苦不慼，遇樂不欣，能忍如地，故號沙門。』太子曰：『善哉！此道真正永絕塵累，微妙清虛，唯是爲快。』即敕御者迴車就之。

「爾時，太子問沙門曰：『剃除鬚髮，法服持鉢，何所志求？』沙門答曰：『夫出家者，欲調伏心意，永離塵垢，慈育羣生，無所侵嬈，虛心靜寞，唯道是務。』太子曰：『善哉！此道最真。』尋敕御者：『賫吾寶衣並及乘轝，還白大王，我即於此剃除鬚髮，服三法衣，出家修道。所以然者，欲調伏心意，捨離塵垢，清淨自居，以求道術。』於是，御者即以太子所乘寶車及與衣服還歸父王。太子於後即剃除鬚髮，服三法衣，出家修道。」

佛告比丘：「太子見老、病人，知世苦惱；又見死人，戀世情滅；及見沙門，廓然大悟。下寶車時，步步中間轉遠縛著，是真出家，是真遠離。時，彼國人聞太子剃除鬚髮，法服持鉢，出家修道，咸相謂言：『此道必真，乃令太子捨國榮位，捐棄所重。』於時，國中八萬四千人往就太子，求爲弟子，出家修道。」佛時頌曰：

撰擇深妙法，彼聞隨出家；離於恩愛獄，無有衆結縛。

「於時，太子即便納受，與之遊行，在在教化。從村至村，從國至國，所至之處，無不恭敬四事供養。菩薩念言：吾與大衆，遊行諸國，人間憒鬧，此非我宜。何時當得離此羣衆，閑靜之處以求真道，尋獲志願，於閑靜處專精修道？復作是念：衆生可愍，常處闇冥，受身危脆，有生、有老、有病、有死。衆苦所集，死此生彼，從彼生此。緣此苦陰，流轉無窮，我當何時曉了苦陰，滅生、老、死？

「復作是念：生死何從？何緣而有？即以智慧觀察所由，從生有老死，生是老死緣；生從有起，有是生緣；有從取起，取是有緣；取從愛起，愛是取緣；愛從受起，受是愛緣；受從觸起，觸是受緣；觸從六入起，六入是觸緣；六入從名色起，名色是六入緣；名色從識起，識是名色緣；識從行起，行是識緣；行從癡起，癡是行緣。是爲緣癡有行，緣行有識，緣識有名色，緣名色有六入，緣六入有觸，緣觸有受，緣受有愛，緣愛有取，緣取有有，緣有有生，緣生有老、病、死、憂、悲、苦惱，此苦盛陰，緣生而有，是爲苦集。菩薩思惟：苦集陰時，生智、生眼、生覺、生明、生通、生慧、生證。

「於時，菩薩復自思惟：何等無故老死無？何等滅故老死滅？即以智慧觀察所由，生無故老死無，生滅故老死滅；有無故生無，有滅故生滅；取無故有無，取滅故有滅；愛無故取無，愛滅故取滅；受無故愛無，受滅故愛滅；觸無故受無，觸滅故受滅；六入無故觸無，六入滅故觸滅；名色無故六入無，名色滅故六入滅；識無故名色無，識滅故名色滅；行無故識無，行滅故識滅；癡無故行無，癡滅故行滅。是爲癡滅故行滅，行滅故識滅，識滅故名色滅，名色滅故六入滅，六入滅故觸滅，觸滅故受滅，受滅故愛滅，愛滅故取滅，取滅故有滅，有滅故生滅，生滅故老、死、憂、悲、苦惱滅。菩薩思惟：苦陰滅時，生智、生眼、生覺、生明、生通、生慧、生證。爾時，菩薩逆順觀十二因緣，如實知，如實見已，即於座上成阿耨多羅三藐三菩提。」佛時頌曰：

此言衆中說，汝等當善聽，過去菩薩觀，本所未聞法。
老死從何緣？因何等而有？如是正觀已，知其本由生。
生本由何緣？因何事而有？如是思惟已，知生從有起。
取彼取彼已，展轉更增有；是故如來說，取是有因緣。
如衆穢惡聚，風吹惡流演；如是取相因，因愛而廣普。
愛由於受生，起苦羅網本；以染著因緣，苦樂共相應。

受本由何緣？因何而有受？如是思惟已，知受由觸生。
觸本由何緣？因何而有觸？如是思惟已，觸由六入生。
六入本何緣？因何有六入？如是思惟已，六入名色生。
名色本何緣？因何有名色？如是思惟已，名色從識生。
識本由何緣？因何而有識？如是思惟已，知識從行生。
行本由何緣？因何而有行？如是思惟已，知行從癡生。
如是因緣者，名爲實義因，智慧方便觀，能見因緣根。
苦非賢聖造，亦非無緣有，是故變易苦，智者所斷除。
若無明滅盡，是時則無行；若無有行者，則亦無有識；
若識永滅者，亦無有名色；名色既已滅，即無有諸入；
若諸入永滅，則亦無有觸；若觸永滅者，則亦無有受；
若受永滅者，則亦無有愛；若愛永滅者，則亦無有取；
若取永滅者，則亦無有有；若有永滅者，則亦無有生；
若生永滅者，無老病苦陰；一切都永盡，智者之所說。

十二緣甚深，難見難識知；唯佛能善覺，因是有是無。
若能自觀察，則無有諸入；深見因緣者，更不外求師。
能於陰界入，離欲無染者；堪受一切施，淨報施者恩。
若得四辯才，獲得決定證；能解衆結縛，斷除無放逸。
色受想行識，猶如朽故車；能諦觀此法，則成等正覺。
如鳥遊虛空，東西隨風遊；菩薩斷衆結，如風靡輕衣。
毗婆尸閑靜，觀察於諸法；老死何緣有，從何而得滅？
彼作是觀已，生清淨智慧；知老死由生，生滅老死滅。

「毗婆尸佛初成道時，多修二觀：一曰安隱觀，二曰出離觀。」佛於是頌曰：

如來無等等，多修於二觀；安隱及出離，仙人度彼岸。
其心得自在，斷除衆結使；登山觀四方，故號毗婆尸。
大智光除冥，如以鏡自照；爲世除憂惱，盡生老死苦。

「毗婆尸佛於閑靜處復作是念：我今已得此無上法，甚深微妙，難解難見，息滅、清淨，智者所知，非是凡愚所能及也。斯由眾生異忍、異見、異受、異學，依彼異見，各樂所求，各務所習，是故於此甚深因緣，不能解了，然愛盡涅槃，倍復難知，我若為說，彼必不解，更生觸擾。作是念已，即便默然不復說法。

「時，梵天王知毗婆尸如來所念，即自思惟：念此世間便為敗壞，甚可哀愍，毗婆尸佛乃得知此深妙之法，而不欲說。譬如力士屈伸臂頃，從梵天宮忽然來下，立於佛前，頭面禮足，卻住一面。時，梵天王右膝著地，叉手合掌白佛言：『唯願世尊以時說法！今此眾生塵垢微薄，諸根猛利，有恭敬心，易可開化，畏怖後世無救之罪，能滅惡法，出生善道。』

「佛告梵王：『如是！如是！如汝所言，但我於閑靜處默自思念：所得正法甚深微妙，若為彼說，彼必不解，更生觸擾，故我默然不欲說法。我從無數阿僧祇劫，勤苦不懈，修無上行，今始獲此難得之法，若為淫、怒、癡眾生說者，必不承用，徒自勞疲。此法微妙，與世相反，眾生染欲，愚冥所覆，不能信解。梵王！我觀如此，是以默然不欲說法。』

「時，梵天王復重勸請，慇勤懇惻，至於再三：『世尊！若不說法，今此世間便爲壞敗，甚可哀愍。唯願世尊以時敷演，勿使衆生墜落餘趣！』爾時，世尊三聞梵王慇勤勸請，即以佛眼觀視世界，衆生垢有厚薄，根有利鈍，教有難易。易受教者畏後世罪，能滅惡法，出生善道。譬如優鉢羅花、鉢頭摩華、鳩勿頭華、分陀利華，或有始出汙泥未至水者，或有已出與水平者，或有出水未敷開者，然皆不爲水所染著，易可開敷。世界衆生，亦復如是。

「爾時，世尊告梵王曰：『吾愍汝等，今當開演甘露法門，是法深妙，難可解知，今爲信受樂聽者說，不爲觸擾無益者說。』

「爾時，梵王知佛受請，歡喜踊躍，遶佛三匝，頭面禮足，忽然不現。其去未久，是時，如來靜默自思：我今先當爲誰說法？即自念言：當入槃頭城內，先爲王子提舍、大臣子騫茶開甘露法門。於是，世尊如力士屈伸臂頃，於道樹忽然不現。至槃頭城槃頭王鹿野苑中，敷座而坐。」佛於是頌曰：

如師子在林，自恣而遊行；彼佛亦如是，遊行無罣礙。

「毗婆尸佛告守苑人曰：『汝可入城，語王子提舍、大臣子騫荼，寧欲知不？毗婆尸佛今在鹿野苑中，欲見卿等，宜知是時。』時，彼守苑人受教而行，至彼二人所，具宣佛教。二人聞已，即至佛所，頭面禮足，卻坐一面。佛漸為說法，示教利喜：施論、戒論、生天之論，欲惡不淨，上漏為患，讚歎出離為最微妙清淨第一。爾時，世尊見此二人心意柔軟，歡喜信樂，堪受正法，於是即為說苦聖諦，敷演開解，分布宣釋苦集聖諦、苦滅聖諦、苦出要諦。

「爾時，王子提舍、大臣子騫荼即於座上遠離塵垢，得法眼淨，猶若素質易為受染。是時，地神即唱斯言：『毗婆尸如來於槃頭城鹿野苑中轉無上法輪，沙門、婆羅門、諸天、魔、梵及餘世人所不能轉。』如是展轉，聲徹四天王，乃至他化自在天，須臾之頃，聲至梵天。」佛時頌曰：

歡喜心踊躍，稱讚於如來，毗婆　成佛，轉無上法輪。
初從樹王起，往詣槃頭城，爲騫茶提舍，轉四諦法輪。
時騫茶提舍，受佛教化已，於淨法輪中，梵行無有上。
彼忉利天衆，及以天帝釋，歡喜轉相告，諸天無不聞。
佛出於世間，轉無上法輪，增益諸天衆，減損阿須倫。
昇仙名普聞，善智離世邊，於諸法自在，智慧轉法輪。
觀衆平等法，息心無垢穢，以離生死厄，智慧轉法輪。
滅苦離諸惡，出欲得自在，離於恩愛獄，智慧轉法輪。
正覺人中尊，二足尊調御，一切縛得解，智慧轉法輪。
教化善導師，能降伏魔怨，彼離於諸惡，智慧轉法輪。
無漏力降魔，諸根定不懈，盡漏離魔縛，智慧轉法輪。
若學決定法，知諸法無我，此爲法中上，智慧轉法輪。
不以利養故，亦不求名譽，愍彼衆生故，智慧轉法輪。
見衆生苦厄，老病死逼迫，爲此三惡趣，智慧轉法輪。

斷貪瞋恚癡，拔愛之根源；不動而解脫，智慧轉法輪。
難勝我已勝，勝已自降伏；已勝難勝魔，智慧轉法輪。
此無上法輪，唯佛乃能轉；諸天魔釋梵，無有能轉者。
親近轉法輪，饒益天人衆；此等天人師，得度於彼岸。

「是時，王子提舍、大臣子騫荼，見法得果，真實無欺，成就無畏，即白毗婆尸佛言：『我等欲於如來法中淨修梵行。』佛言：『善來，比丘！吾法清淨自在，修行以盡苦際。』爾時，二人即得具戒。具戒未久，如來又以三事示現：一曰神足，二曰觀他心，三曰教誡，即得無漏、心解脫、生死無疑智。

「爾時，槃頭城內衆多人民，聞二人出家學道，法服持鉢，淨修梵行，皆相謂曰：『其道必真，乃使此等捨世榮位，捐棄所重。』，時，城內八萬四千人往詣鹿野苑中毗婆尸佛所，頭面禮足，卻坐一面。佛漸為說法，示教利喜：施論、戒論、生天之論，欲惡不淨，上漏為患，讚歎出離爲最微妙清淨第一。爾時，世尊見此大衆心意柔軟，歡喜信樂，堪受正法，於是即爲説苦聖諦，敷演開解，分布宣釋苦集聖諦、苦滅聖諦、苦出要聖諦。」

「時，八萬四千人即於座上遠塵離垢，得法眼淨，猶如素質易爲受色，見法得果，真實無欺，成就無畏，即白佛言：『我等欲於如來法中淨修梵行。』佛言：『善來，比丘！吾法清淨自在，修行以盡苦際。』」

「時，八萬四千人即得具戒。具戒未久，世尊以三事教化：一曰神足，二曰觀他心，三曰教誡，即得無漏、心解脫、生死無疑智現前。八萬四千人聞佛於鹿野苑中，轉無上法輪，沙門、婆羅門、諸天、魔、梵及餘世人所不能轉，即詣槃頭城毗婆尸佛所，頭面禮足，卻坐一面。」佛時頌曰：

如人救頭燃，速疾求滅處；彼人亦如是，速詣於如來。

「時，佛爲說法亦復如是。爾時，槃頭城有十六萬八千大比丘衆，提舍比丘、騫茶比丘於大衆中上昇虛空，身出水火，現諸神變，而爲大衆說微妙法。爾時，如來默自念言：今此城內乃有十六萬八千大比丘衆，宜遣遊行，各二人俱在在處處，至於六年，還來城內說具足戒。」

「時，首陀會天知如來心，譬如力士屈伸臂頃，從彼天沒，忽然至此，於世尊前，頭面禮足，卻住一面，須臾白佛言：『如是，世尊！此槃頭城內比丘衆多，宜各分布，處處遊行，至於六年，乃還此城，說具足戒，我當擁護，令無伺求得其便者。』爾時，如來聞此天語，默然可之。」

「時，首陀會天見佛默然許可，即禮佛足，忽然不現，還至天上。其去未久，佛告諸比丘：『今此城內，比丘衆多，宜各分布，遊行教化，至六年已，還集說戒。』時，諸比丘受佛教已，執持衣鉢，禮佛而去。」佛時頌曰：

佛悉無亂衆，無欲無戀著；威如金翅鳥，如鶴捨空池。

「時，首陀會天於一年後告諸比丘：『汝等遊行已過一年，餘有五年。汝等當知，訖六年已，還城說戒。』如是至於六年，天復告言：『六年已滿，當還說戒。』時，諸比丘聞天語已，攝持衣鉢，還槃頭城，至鹿野苑毗婆尸佛所，頭面禮足，卻坐一面。」佛時頌曰：

如象善調，隨意所之；大衆如是，隨教而還。

「爾時，如來於大衆前上昇虛空，結跏趺坐，講說戒經：忍辱為第一，佛說涅槃最，不以除鬚髮害他為沙門。」時，首陀會天去佛不遠，以偈頌曰：

如來大智，微妙獨尊，止觀具足，成最正覺。
愍羣生故，在世成道，以四真諦，為聲聞說。
苦與苦因，滅苦之諦，賢聖八道，到安隱處。

毗婆尸佛，出現於世，在大衆中，如日光曜。

「說此偈已，忽然不現。」

爾時，世尊告諸比丘：「我自思念，昔一時於羅閱城耆闍崛山，時生是念：我所生處，無所不遍，唯除首陀會天，設生彼天，則不還此。我時，比丘！復生是念：我欲至無造天上。時，我如壯士屈伸臂頃，於此間沒，現於彼天。時，彼諸天見我至彼，頭面作禮，於一面立，而白我言：『我等皆是毗婆尸如來弟子，從彼佛化，故來生此，具說彼佛因緣本末。又尸棄佛、毗舍婆佛、拘樓孫佛、拘那含佛、迦葉佛、釋迦牟尼佛，皆是我師，我從受化，故來生此。』亦說諸佛因緣本末，至生阿迦尼吒諸天，亦復如是。」佛時頌曰：

譬如力士，屈伸臂頃，我以神足，至無造天。
第七大仙，降伏二魔，無熱無見，叉手敬禮。
如晝度樹，釋師遠聞，相好具足，到善見天。

猶如蓮華，水所不著，世尊無染，至大善見。
如日初出，淨無塵翳，明若秋月，詣一究竟。
此五居處，衆生行淨，心淨故來，詣無煩惱。
淨心而來，爲佛弟子，捨離染取，樂於無取。
見法決定，毗婆尸子，淨心喜來，詣大仙人。
尸棄佛子，無垢無爲，以淨心來，詣離有尊。
毗舍婆子，諸根具足，淨心詣我，如日照空，
拘樓孫子，捨離諸欲，淨心詣我，妙光焰盛。
拘那含子，無垢無爲，淨心詣我，光如月滿。
迦葉弟子，諸根具足，淨心詣我，如北天念。
不亂太仙，神足等一，以堅固心，爲佛弟子。
淨心而來，爲佛弟子，禮敬如來，具啓人尊。
所生成道，名姓種族，知見深法，成無上道。
比丘靜處，離於塵垢，精勤不懈，斷諸有結。

此是諸佛，本末因緣，釋迦如來，之所演說。

佛說此大因緣經已，諸比丘聞佛所說，歡喜奉行！

《長阿含‧第一經》

遊行經（上）

如是我聞：

一時，佛在羅閱城耆闍崛山中，與大比丘衆千二百五十人俱。

是時，摩竭王阿闍世欲伐跋祇，王自念言：彼雖勇健，人衆豪强，以我取彼，未足爲難。時，阿闍世王命婆羅門大臣禹舍，而告之曰：「汝詣耆闍崛山，至世尊所，持我名字，禮世尊足，問訊世尊：『起居輕利，遊步强耶？』又白世尊：『跋祇國人自恃勇健，民衆豪强，不順伏我，我欲伐之，不審世尊何所誡敕？』若有教誡，汝善憶念，勿有遺漏，如所聞說。如來所言，終不虛妄。」

大臣禹舍受王教已，即乘寶車詣耆闍崛山，到所止處，下車步進，至世尊所，問訊畢，一面坐，白世尊曰：「摩竭王阿闍世稽首佛足，敬問慇勤：『起居輕利，遊步强耶？』又白世尊：『跋祇國人自恃勇健，民衆豪强，不順伏我，我欲伐之，不審世尊何所誡敕？』」

爾時，阿難在世尊後執扇扇佛。佛告阿難：「汝聞跋祇國人數相集會，講議正事不？」

答曰：「聞之。」

佛告阿難：「若能爾者，長幼和順，轉更增盛，其國久安，無能侵損。阿難！汝聞跋祇國人君臣和順，上下相敬不？」

答曰：「聞之。」

「阿難！若能爾者，長幼和順，轉更增盛，其國久安，無能侵損。阿難！汝聞跋祇國人奉法曉忌，不違禮度不！」

答曰：「聞之。」

「阿難！若能爾者，長幼和順，轉更增盛，其國久安，無能侵損。阿難！汝聞跋祇國人孝事父母，敬順師長不？」

答曰：「聞之。」

「阿難！若能爾者，長幼和順，轉更增上，其國久安，無能侵損。阿難！汝聞跋祇國人恭於宗廟，致敬鬼神不？」

答曰：「聞之。」

「阿難！若能爾者，長幼和順，轉更增上，其國久安，無能侵損。阿難！汝聞跋祇國人閨門真正潔淨無穢，至於戲笑，言不及邪不？」

答曰：「聞之。」

「阿難！若能爾者，長幼和順，轉更增盛，其國久安，無能侵損。阿難！汝聞跋祇國人宗事沙門，敬持戒者，瞻視護養，未嘗懈惓不？」

答曰：「聞之。」

「阿難！若能爾者，長幼和順，轉更增盛，其國久安，無能侵損。」

時，大臣禹舍白佛言：「彼國人民，若行一法，猶不可圖，況復具七？國事多故，今請辭還歸。」

佛言：「可，宜知是時。」時，禹舍即從座起，遶佛三匝，揖讓而退。

其去未久，佛告阿難：「汝敕羅閱祇左右諸比丘盡集講堂。」

對曰：「唯然。」即詣羅閱祇城，集諸比丘，盡會講堂，白世尊曰：「諸比丘已集，唯聖知時。」

爾時，世尊即從座起，詣法講堂，就座而坐，告諸比丘：「我當爲汝說七不退法，諦聽！諦聽！善思念之。」

時，諸比丘白佛：「唯然，世尊！願樂欲聞！」

佛告諸比丘：「七不退法者：一曰數相集會，講論正義，則長幼和順，法不可壞。二曰上下和同，敬順無違，則長幼和順，法不可壞。三曰奉法曉忌，不違制度，則長幼和順，法不可壞。四曰若有比丘力能護衆，多諸知識，宜敬事之，則長幼和順，法不可壞。五曰念護心意，孝敬為首，則長幼和順，法不可壞。六曰淨修梵行，不隨欲態，則長幼和順，法不可壞。七曰先人後己，不貪名利，則長幼和順，法不可壞。」

佛告比丘：「復有七法，令法增長，無有損耗。一者樂於少事，不好多為，則法增長，無有損耗。二者樂於靜默，不好多言。三者少於睡眠，無有昏昧。四者不為羣黨，言無益事。五者不以無德而自稱譽。六者不與惡人而為伴黨。七者樂於山林閑靜獨處。如是比丘，則法增長，無有損耗。」

佛告比丘：「復有七法，令法增長，無有損耗。何謂為七？一者有信，信於如來、至真、正覺……十號具足。二者知慚，恥於己闕。三者知愧，羞爲惡行。四者多聞，其所受持，上中下善，義味深奧，清淨無穢，梵行具足。五者精勤苦行，滅惡修善，勤習不捨。六者昔所學習，憶念不忘。七者修習智慧，知生滅法，趣賢聖要，盡諸苦本。如是七法，則法增長，無有損耗。」

佛告比丘：「復有七法，令法增長，無有損耗。何謂爲七？一者敬佛，二者敬法，三者敬僧，四者敬戒，五者敬定，六者敬順父母，七者敬不放逸。如是七法，則法增長，無有損耗。」

佛告比丘：「復有七法，則法增長，無有損耗。何謂爲七法？一者觀身不淨，二者觀食不淨，三者不樂世間，四者常念死想，五者起無常想，六者無常苦想，七者苦無我想。如是七法，則法增長，無有損耗。」

佛告比丘：「復有七法，則法增長，無有損耗。何謂爲七？一者修念覺意，閑靜無欲，出要無爲。二者修法覺意。三者修精進覺意。四者修喜覺意。五者修猗覺意。六者修定覺意。七者修護覺意。如是七法，則法增長，無有損耗。」

佛告比丘：「有六不退法，令法增長，無有損耗。何謂為六？一者身常行慈，不害衆生。二者口宣仁慈，不演惡言。三者意念慈心，不懷壞損。四者得淨利養，與衆共之，平等無二。五者持賢聖戒，無有闕漏，亦無垢穢，必定不動。六者見賢聖道，以盡苦際。如是六法，則法增長，無有損耗。」

佛告比丘：「復有六不退法，令法增長，無有損耗。一者念佛，二者念法，三者念僧，四者念戒，五者念施，六者念天。修此六念，則法增長，無有損耗。」

爾時，世尊於羅閱祇隨宜住已，告阿難言：「汝等皆嚴，吾欲詣竹園。」

對曰：「唯然。」即嚴衣鉢，與諸大衆侍從世尊，路由摩竭，次到竹園，往堂上坐，與諸比丘說戒、定、慧。修戒獲定，得大果報；修定獲智，得大果報；修智心淨，得等解脫；盡於三漏：欲漏、有漏，無明漏。

已得解脫，生解脫智：生死已盡，梵行已立，所作已辦，不受後有。

爾時，世尊於竹園隨宜住已，告阿難曰：「汝等皆嚴，當詣巴陵弗城。」

對曰：「唯然。」即嚴衣鉢，與諸大衆侍從世尊，路由摩竭，次到巴陵弗城，巴陵樹下坐。

時，諸清信士聞佛與諸大衆遠來至此巴陵樹下，即共出城，遙見世尊在巴陵樹下，容貌端正，諸根寂定，善調第一。譬猶大龍，以水清澄，無有塵垢；三十二相、八十種好，莊嚴其身。見已歡喜，漸到佛所，頭面禮足，卻坐一面。

爾時，世尊漸爲說法，示教利喜，諸清信士聞佛說法，即白佛言：「我欲歸依佛、法、聖衆，唯願世尊哀愍，聽許爲優婆塞！自今已後，不殺、不盜、不淫、不欺、不飲酒，奉戒不忘。明欲設供，唯願世尊與諸大衆垂愍屈顧！」

爾時，世尊默然許可。諸清信士見佛默然，即從座起，遶佛三匝，作禮而歸。尋爲如來起大堂舍，平治處所，掃灑燒香，嚴敷寶座。供設既辦，往白世尊：「所設已具，唯聖知時。」

於是，世尊即從座起，著衣持鉢，與大衆俱詣彼講堂，澡手洗足，處中而坐。時，諸比丘在左面坐，諸清信士在右面坐。

爾時，世尊告諸清信士曰：「凡人犯戒，有五衰耗。何謂爲五？一者求財，所願不遂。二者設有所得，日當衰耗。三者在所至處，衆所不敬。四者醜名惡聲，流聞天下。五者身壞命終，當入地獄。」

又告諸清信士：「凡人持戒，有五功德。何謂爲五？一者諸有所求，輒得如願。二者所有財產，增益無損。三者所往之處，衆人敬愛。四者好名善譽，周聞天下。五者身壞命終，必生天上。」

時，夜已半，告諸信士，宜各還歸。諸清信士即承佛教，遶佛三匝，禮足而歸。

爾時，世尊於後夜明相出時，至閑靜處，天眼清徹，見諸大天神各封宅地，中神、下神亦封宅地。是時，世尊即還講堂，就座而坐，世尊知而故問阿難：「誰造此巴陵弗城？」

阿難白佛：「此是禹舍大臣所造，以防禦跋祇。」

佛告阿難：「造此城者，正得天意，吾於後夜明相出時，至閑靜處，以天眼見諸大天神各封宅地，中、下諸神亦封宅地。阿難！當知諸大天神所封宅地，有人居者，安樂熾盛。中神所封，中人所居；下神所封，下人所居。功德多少，各隨所止。阿難！此處賢人所居，商賈所集，國法真實，無有欺罔，此城最勝，諸方所推，不可破壞。此城久後若欲壞時，必以三事：一者大水，二者大火，三者中人與外人謀，乃壞此城。」

時，巴陵弗諸清信士通夜供辦，時到白佛：「食具已辦，唯聖知時。」

時，清信士即便施設，手自斟酌，食訖行水，別取小牀敷在佛前坐。

爾時，世尊即示之曰：「今汝此處賢智所居，多持戒者，淨修梵行，善神歡喜。即為咒願：可敬知敬，可事知事，博施兼愛，有慈愍心，諸天所稱，常與善俱，不與惡會。」

爾時，世尊爲說法已，即從座起，大衆圍遶，侍送而還。大臣禹舍從佛後行，時作是念：今沙門瞿曇出此城門，即名此門爲瞿曇門。又觀如來所渡河處，即名此處爲瞿曇河。爾時，世尊出巴陵弗城，至於水邊，時水岸上人民衆多，中有乘船渡者，或有乘筏，或有乘桴而渡河者。爾時，世尊與諸大衆，譬如力士屈伸臂頃，忽至彼岸。世尊觀此義已，即說頌曰：

佛爲海船師，法橋渡河津；大乘道之輿，一切渡天人。
亦爲自解結，渡岸得昇仙；都使諸弟子，縛解得涅槃。

爾時，世尊從跋祇遊行至拘利村，在一林下告諸比丘：「有四深法：一曰聖戒，二曰聖定，三曰聖慧，四曰聖解脫。此法微妙，難可解知。我及汝等，不曉了故，久在生死，流轉無窮。」爾時，世尊觀此義已，即說頌曰：

戒定慧解上，唯佛能分別；離苦而化彼，令斷生死習。

爾時，世尊於拘利村隨宜住已，告阿難俱詣那陀村。阿難受教，即著衣持鉢，與大衆俱侍從世尊，路由跋祇，到那陀村，止揵椎處。

爾時，阿難在閑靜處，默自思惟：此那陀村十二居士：一名伽伽羅，二名伽陵伽，三名毗伽陀，四名伽利輸，五名遮樓，六名婆耶樓，七名婆頭樓，八名藪婆頭樓，九名陀梨舍㝹，十名藪達利舍㝹，十一名耶輸，十二名耶輸多樓。此諸人等，今者命終，爲生何處？復有五十人命終，又復有五百人命終，斯生何處？作是念已，從靜處起至世尊所，頭面禮足，在一面坐，白佛言：「世尊！我向靜處，默自思惟：此那陀村十二居士伽伽羅等命終，復有五十人命終，又有五百人命終，斯生何處？唯願解說。」

佛告阿難：「伽伽羅等十二人，斷五下分結，命終生天，於彼即般涅槃，不復還此。五十人命終者，斷除三結，淫、怒、癡薄，得斯陀含，還來此世，盡於苦本。五百人命終者，斷除三結，得須陀洹，不墮惡趣，必定成道，往來七生，盡於苦際。阿難！夫生有死，自世之常，此何足怪！若二人死，來問我者，非擾亂耶？」

阿難答曰：「信爾，世尊！實是擾亂。」

佛告阿難：「今當為汝說於法鏡，使聖弟子知所生處。三惡道盡，得須陀洹，不過七生，必盡苦際，亦能為他說如是事。阿難！法鏡者，謂聖弟子得不壞信，歡喜信佛：如來、無所著、等正覺……十號具足。歡喜信法：真正微妙，自恣所說，無有時節，示涅槃道，智者所行。歡喜信僧：善共和同，所行質直，無有諛諂，道果成就，上下和順，法身具足。向須陀洹、得須陀洹，向斯陀含、得斯陀含，向阿那含、得阿那含，向阿羅漢、得阿羅漢，四雙八輩，是謂如來賢聖之衆，甚可恭敬，世之福田。信賢聖戒：清淨無穢，無有缺漏，明哲所行，獲三昧定。阿難！是為法鏡，使聖弟子知所生處，三惡道盡，得須陀洹，不過七生，必盡苦際，亦能為他說如是事。」

爾時，世尊隨宜住已，告阿難俱詣毗舍離國。即受教行，著衣持鉢，與大衆俱侍從世尊，路由跋祇，到毗舍離，坐一樹下。有一淫女，名菴婆婆梨，聞佛將諸弟子來至毗舍離，坐一樹下，即嚴駕寶車，欲往詣佛所禮拜供養。未至之間，遙見世尊顏貌端正，諸根特異，相好備足，如星中月。見已歡喜，下車步進，漸至佛所，頭面禮足，卻坐一面。

爾時，世尊漸爲說法，示教利喜。聞佛所說，發歡喜心，即白佛言：「從今日始，歸依三尊，唯願聽許於正法中爲優婆夷！盡此形壽，不殺、不盜、不邪淫、不妄語、不飲酒。」又白佛言：「唯願世尊及諸弟子明受我請，即於今暮止宿我園。」爾時，世尊默然受之。女見佛默然許可，即從座起，頭面禮足，遶佛而歸。

其去未久，佛告阿難：「當與汝等詣彼園觀。」對曰：「唯然。」佛即從座起，攝持衣鉢，與衆弟子千二百五十人俱詣彼園。

時，毗舍離諸隸車輩，聞佛在菴婆婆梨園中止住，即便嚴駕五色寶車，或乘青車青馬，衣、蓋、幢幡、官屬皆青，五色車馬，皆亦如是。時，五百隸車服色盡同，欲往詣佛，菴婆婆梨辭佛還家，中路逢諸隸車。時，車行駃疾，與彼寶車共相鉤撥，損折幢蓋而不避道，隸車責曰：「汝恃何勢，行不避道，衝撥我車，損折幢蓋？

報曰：「諸貴！我已請佛明日設食，歸家供辦，是以行速，無容相避。」

諸隸車即語女曰：「且置汝請，當先與我，我當與汝百千兩金。」

女尋答曰：「先請已定，不得相與。」

時，諸隸車又語女曰：「我更與汝十六倍百千兩金，必使我先。」

女猶不肯：「我請已定，不可爾也。」

時，諸隸車又語女曰：「我今與汝中分國財，可先與我。」

女又報曰：「設使舉國財寶，我猶不取；所以然者，佛住我園，先受我請。此事已了，終不相與。」

諸隸車等各振手歎咤：「今由斯女闕我初福。」即便前進徑詣彼園。

爾時，世尊遙見五百隸車，車馬數萬，填道而來，告諸比丘：「汝等欲知忉利諸天遊戲園觀，威儀容飾，與此無異。汝等比丘！當自攝心，具諸威儀。云何比丘自攝其心？於是比丘內身身觀，精勤不懈，憶念不忘，捨世貪憂；外身身觀，精勤不懈，憶念不忘，捨世貪憂；內外身觀，精勤不懈，捨世貪憂。受、意、法觀，亦復如是。云何比丘具諸威儀？於是比丘可行知行，可止知止；左右顧視，屈伸俯仰，攝持衣鉢，食飲湯藥，不失儀則；善設方便，除去陰蓋，行住坐臥，覺寤語默，攝心不亂，是謂比丘具諸威儀。」

爾時，五百隸車往至菴婆婆梨園，欲到佛所，下車步進，頭面禮足，卻坐一面。如來在座，光相獨顯，蔽諸大衆，譬如秋月，又如天地清明，淨無塵翳，日在虛空，光明獨照。爾時，五百隸車圍遶侍坐，佛於衆中，光相獨明。是時，座中有一梵志名曰并暨，即從座起，偏袒右臂，右膝著地，叉手向佛，以偈讚曰：

摩竭鴦伽王，爲快得善利，身被寶珠鎧，世尊出其土。
威德動三千，名顯如雪山，如蓮花開敷，香氣甚微妙。
今睹佛光明，如日之初出，如月遊虛空，無有諸雲翳。

世尊亦如是，光照於世間，觀如來智慧，猶闇覩庭燎。

施衆以明眼，決了諸疑惑。

時，五百隸車聞此偈已，復告并醫：「汝可重說。」

爾時，并醫即於佛前再三重說。時，五百隸車聞重說偈已，各脫寶衣，以施并醫，并醫即以寶衣奉上如來，佛愍彼故，即爲納受。

爾時，世尊告毗舍離諸隸車曰：「世有五寶甚爲難得，何等爲五？一者如來、至真出現於世，甚爲難得。二者如來正法能演說者，此人難得。三者如來演法能信解者，此人難得。四者如來演法能成就者，此人難得。五者臨危救厄知反復者，此人難得。是謂五寶爲難得也。」

時，五百隸車聞佛示教利喜已，即白佛言：「唯願世尊及諸弟子明受我請！」

佛告隸車：「卿已請我，我今便爲得供養已，菴婆婆梨女先已請訖。」

時，五百隸車聞菴婆婆梨女已先請佛，各振手而言：「吾欲供養如來，而今此女已奪我先。」即從座起，頭面禮佛，遶佛三匝，各自還歸。

時，菴婆婆梨女即於其夜種種供辦，明日時到，世尊即與千二百五十比丘整衣持鉢，前後圍遶，詣彼請所，就座而坐。時，菴婆婆梨女即設上饌，供佛及僧。食訖去鉢，并除机案。時，女手執金瓶，行澡水畢，前白佛言：「此毗舍離城所有園觀，我園最勝，今以此園貢上如來，哀愍我故，願垂納受！」

佛告女曰：「汝可以此園施佛爲首及招提僧，所以然者，如來所有園林、房舍、衣鉢六物，正使諸魔、釋、梵、大神力天，無有能堪受此供者。」時，女受教，即以此園施佛爲首及招提僧。佛愍彼故，即爲受之。而說偈言：

起塔立精舍，園果施清涼；橋船以渡人，曠野施水草。
及以堂閣施，其福日夜增；戒具清淨者，彼必到善方。

時，菴婆婆梨女取一小床於佛前坐，佛漸爲說法，示教利喜：施論、戒論、生天之論，欲爲大患，穢汙不淨，上漏爲礙，出要爲上。爾時，世尊知彼女意柔軟和悅，蔭蓋微薄，易可開化，如諸佛法，即爲彼女說苦聖諦，苦集、苦滅、苦出要諦。

時，菴婆婆梨女信心清淨，譬如淨潔白氈易爲受色，即於座上遠塵離垢，諸法法眼生，見法得法，決定正住，不墮惡道，成就無畏，而白佛言：「我今歸依佛，歸依法，歸依僧。」如是再三。「唯願如來聽我於正法中爲優婆夷！自今已後，盡壽不殺、不盜、不邪淫、不欺、不飲酒。」時，彼女從佛受五戒已，捨本所習，穢垢消除，即從座起，禮佛而去。

爾時，世尊於毗舍離，隨宜住已，告阿難言：「汝等皆嚴，吾欲詣竹林叢。」

對曰：「唯然。」即嚴衣鉢，與大衆侍從世尊，路由跋祇，至彼竹林。

時，有婆羅門名毗沙陀耶，聞佛與諸大衆詣此竹林，默自思念：此沙門瞿曇，名德流布，聞於四方，十號具足，於諸天、釋、梵、魔、若魔、天、沙門、婆羅門中，自身作證，爲他說法，上中下言，皆悉真正，義味深奧，梵行具足。如此真人宜往瞻覩。

時，婆羅門出於竹叢，往詣世尊，問訊訖，一面坐。世尊漸爲說法，示教利喜。婆羅門聞已歡喜，即請世尊及諸大衆明日舍食。時，佛默然受請。婆羅門知已許可，即從座起，遶佛而歸。即於其夜，供設飲食。明日時到，唯聖知之。

爾時，世尊著衣持鉢，大衆圍遶往詣彼舍，就座而坐。時，婆羅門設種種甘饌，供佛及僧。食訖去鉢，行澡水畢，取一小床於佛前坐。爾時，世尊爲婆羅門而作頌曰：

若以飲食，衣服臥具，施持戒人，則獲大果。
此爲真伴，終始相隨，所至到處，如影隨形。
是故種善，爲後世糧，福爲根基，衆生以安。

福爲天護，行不危險，生不遭難，死則上天。

爾時，世尊爲婆羅門説微妙法，示教利喜已，從座而去。於時彼土穀貴飢饉，乞求難得。佛告阿難：「敕此國內現諸比丘盡集講堂。」對曰：「唯然。」即承教旨，宣令遠近普集講堂。是時，國內大衆皆集，阿難白佛言：「大衆已集，唯聖知時。」

爾時，世尊即從座起，詣於講堂，就座而坐，告諸比丘：「此土飢饉，乞求難得，汝等宜各分部，隨所知識，詣毗舍離及越祇國，於彼安居，可以無乏。吾獨與阿難於此安居，所以然者，恐有短乏。」是時，諸比丘受教即行，佛與阿難獨留。

於後夏安居中，佛身疾生，舉體皆痛，佛自念言：我今疾生，舉身痛甚，而諸弟子悉皆不在，若取涅槃，則非我宜，今當精勤自力以留壽命。

爾時，世尊於靜室出，坐清涼處，阿難見已，速疾往詣，而白佛言：「今觀尊顏，疾如有損。」

阿難又言：「世尊有疾，我心惶懼，憂結荒迷，不識方面，氣息未絕，猶少醒悟。默思：如來未即滅度，世眼未滅，大法未損，何故今者不有教令於衆弟子乎？」

佛告阿難：「衆僧於我有所須耶？若有自言：『我持衆僧，我攝衆僧。』斯人於衆應有教命。如來不言：『我持於衆，我攝於衆。』豈當於衆有教令乎？阿難！我所說法，內外已訖，終不自稱所見通達。吾已老矣，年且八十，譬如故車，方便修治得有所至。吾身亦然，以方便力得少留壽，自力精進，忍此苦痛，不念一切想，入無想定，時我身安隱，無有惱患。是故，阿難！當自熾燃，熾燃於法，勿他熾燃；當自歸依，歸依於法，勿他歸依。云何自熾燃，熾燃於法，勿他熾燃；當自歸依，歸依於法，勿他歸依？阿難！比丘觀內身精勤無懈，憶念不忘，除世貪憂；觀外身、觀內外身，精勤不懈，憶念不忘，除世貪憂。受、意、法觀，亦復如是。是謂，阿難！自熾燃，熾燃於法，勿他熾燃；當自歸依，歸依於法，勿他歸依。」

佛告阿難：「吾滅度後，能有修行此法者，則爲真我弟子第一學者。」

佛告阿難：「俱至遮婆羅塔。」對曰：「唯然。」如來即起，著衣持鉢，詣一樹下，告阿難：「敷座，吾患背痛，欲於此止。」

對曰：「唯然。」尋即敷座。

如來坐已，阿難敷一小座於佛前坐，佛告阿難：「諸有修四神足，多修習行，常念不忘，在意所欲，可得不死一劫有餘。阿難！佛四神足已多修行，專念不忘，在意所欲，如來可止一劫有餘，爲世除冥，多所饒益，天人獲安。」

爾時，阿難默然不對。如是再三，又亦默然。是時，阿難爲魔所蔽，懵懵不悟，佛三現相而不知請。

佛告阿難：「宜知是時。」阿難承佛意旨，即從座起，禮佛而去。去佛不遠，在一樹下靜意思惟。

其間未久，時魔波旬來白佛：「佛意無欲，可般涅槃，今正是時，宜速滅度。」

佛告波旬：「且止！且止！我自知時。如來今者未取涅槃，須我諸比丘集，又能自調，勇捍無怯，到安隱處，逮得己利，爲人導師，演布經教顯於句義。若有異論，能以正法而降伏之。又以神變，自身作證。如是弟子皆悉未集，又諸比丘、比丘尼、優婆塞、優婆夷，普皆如是，亦復未集。今者要當廣於梵行，演布覺意，使諸天人普見神變。」

時，魔波旬復白佛言：「佛昔於鬱鞞羅尼連禪水邊，阿遊波尼俱律樹下初成正覺，我時至世尊所，勸請如來可般涅槃：『今正是時，宜速滅度！』爾時，如來即報我言：『止！止！波旬！我自知時，如來今者未取涅槃，須我諸弟子集，乃至天人見神變化乃取滅度。』佛今弟子已集，乃至天人見神變化，今正是時，何不滅度？」

佛言：「止！止！波旬！佛自知時不久住也，是後三月，於本生處拘尸那竭娑羅園雙樹間，當取滅度。」時，魔即念：佛不虛言，今必滅度。歡喜踊躍，忽然不現。

魔去未久，佛即於遮婆羅塔，定意三昧，捨命住壽。當此之時，地大震動，舉國人民莫不驚怖，衣毛爲豎，佛放大光，徹照無窮，幽冥之處，莫不蒙明，各得相見。爾時，世尊以偈頌曰：

有無二行中，吾今捨有爲；內專三昧定，如鳥出於卵。

爾時，賢者阿難心驚毛豎，疾行詣佛，頭面禮足，卻住一面，白佛言：「怪哉！世尊！地動乃爾，是何因緣？」

佛告阿難：「凡世地動，有八因緣。何等八？夫地在水上，水止於風，風止於空；空中大風有時自起，則大水擾，大水擾則普地動，是爲一也。復次，阿難！有時得道比丘，比丘尼及大神尊天，觀水性多，觀地性少，欲知試力，則普地動，是爲二也。復次，阿難！若始菩薩從兜率天降神母胎，專念不亂，地爲大動，是爲三也。復次，阿難，菩薩始出母胎，從右脅生，專念不亂，則普地動，是爲四也。復次，阿難！菩薩初成無上正覺，當於此時，地大震動，是爲五也。復次，阿難！佛初成道，轉無上法輪，魔、若魔、天、沙門、婆羅門、諸天、世人所不能轉，則普地動，是爲六也。復次，阿難！佛教將畢，專念不亂，欲捨性命，則普地動，是爲七也。復次，阿難！如來於無餘涅槃界般涅槃時，地大振動，是爲八也。以是八因緣，令地大動。」爾時，世尊即說偈言：

無上二足尊，照世大沙門；阿難請天師，地動何因緣？
如來演慈音，聲如迦毗陵；我說汝等聽，地動之所由。
地因水而止，水因風而住；若虛空風起，則地爲大動。
比丘比丘尼，欲試神足力；山海百草木，大地皆震動。
釋梵諸尊天，意欲動於地；山海諸鬼神，大地爲震動。
菩薩二足尊，百福相已具；始入母胎時，地則爲大動。
十月處母胎，如龍臥茵蓐；初從右脅生，時地則大動。
佛爲童子時，消滅使緣縛；成道勝無量，地則爲大動。
昇仙轉法輪，於鹿野苑中；道力降伏魔，則地大爲動。

天魔頻來請，勸佛般泥洹；佛爲捨性命，地則爲大動。
人尊大導師，神仙盡後有；難動而取滅，時地則大動。
淨眼說諸緣，地動八種事；有此亦有餘，時地皆震動。

《長阿含·第二經》

遊行經（中）

佛告阿難：「世有八衆，何謂八？一曰刹利衆，二曰婆羅門衆，三曰居士衆，四曰沙門衆，五曰四天王衆，六曰忉利天衆，七曰魔衆，八曰梵天衆。我自憶念：昔者，往來與刹利衆坐起言語，不可稱數，以精進定力，在所能現。彼有好色，我色勝彼。彼有妙聲，我聲勝彼。彼辭我退，我不辭彼。彼所能說，我亦能說。彼所不能，我亦能說。阿難！我廣爲說法，示教利喜已，即於彼沒，彼不知我是天、是人。如是至梵天衆，往返無數，廣爲說法，而莫知我誰。」

阿難白佛言：「甚奇！世尊！未曾有也，乃能成就如是。」

佛言：「如是微妙希有之法，阿難，甚奇！甚特！未曾有也。唯有如來能成此法。」

又告阿難：如來能知受起、住，滅，想起、住、滅，觀起、住、滅。此乃如來甚奇甚特未曾有法！汝當受持。」

爾時，世尊告阿難：「俱詣香塔，在一樹下，敷座而坐。」

佛告阿難：「香塔左右現諸比丘，普敕令集講堂。」

阿難受教，宣令普集。阿難白佛：「大衆已集，唯聖知時。」

爾時，世尊即詣講堂，就座而坐，告諸比丘：「汝等當知我以此法自身作證，成最正覺：謂四念處、四意斷、四神足、四禪、五根、五力、七覺意、賢聖八道。汝等宜當於此法中和同敬順，勿生諍訟，同一師受，同一水乳，於我法中宜勤受學，共相熾然，共相娛樂。比丘當知我於此法自身作證，布現於彼：謂貫經、祇夜經、受記經、偈經、法句經、相應經、本緣經、天本經、廣經、未曾有經、證喻經、大教經。汝等當善受持，稱量分別，隨事修行。所以者何？如來不久，是後三月當般泥洹。」

諸比丘聞此語已，皆悉愕然，殞絕迷荒，自投於地，舉聲大呼曰：「一何駛哉！佛取滅度。一何痛哉！世間眼滅。我等於此，已爲長衰。」或有比丘悲泣躃踊，宛轉嗥咷，不能自勝，猶如斬蛇，宛轉迴遑，莫知所奉。

佛告諸比丘曰：「汝等且止，勿懷憂悲。天地人物，無生不終。欲使有爲不變者，無有是處。我亦先說恩愛無常，合會有離，身非己有，命不久存。」

爾時，世尊以偈頌曰；

我今自在，到安穩處；和合大衆，爲說此義。
吾年老矣，餘命無幾；所作已辦，今當捨壽。
念無放逸，比丘戒具；自攝定意，守護其心。
若於我法，無放逸者；能滅苦本，盡生老死。

又告比丘：「吾今所以誡汝者何？天魔波旬向來請我：『佛意無欲，可般泥洹，今正是時，宜速滅度。』我言：『止！止！波旬！佛自知時，須我諸比丘集，乃至諸天普見神變。』波旬復言：『佛昔於鬱鞞羅尼連禪河水邊，阿遊波尼俱律樹下初成佛道，我時白佛：佛意無欲，可般泥洹，今正是時，宜速滅度。爾時，如來即報我言：止！止！波旬！我自知時。如來今者未取滅度，須我諸弟子集，乃至天人見神變化，乃取滅度。今者如來弟子已集，乃至天人見神變化，今正是時，宜可滅度。』我言：『止！止！

波旬！佛自知時，不久住也，是後三月當般涅槃。』時，魔即念：佛不虛言，今必滅度。歡喜踊躍，忽然不現。魔去未久，即於遮波羅塔，定意三昧，捨命住壽。當此之時，地大震動，天人驚怖，衣毛爲豎，佛放大光，徹照無窮，幽冥之處，莫不蒙明，各得相見。我時頌曰：

有無二行中，吾今捨有爲；內專三昧定，如鳥出於卵。

爾時，賢者阿難即從座起，偏袒右肩，右膝著地，長跪叉手白佛言：「唯願世尊留住一劫，勿取滅度，慈愍衆生，饒益天人！」

爾時，世尊默然不對。如是三請，佛告阿難：「汝信如來正覺道不？」

對曰：「唯然，實信。」

佛言：「汝若信者，何故三來觸嬈我爲？汝親從佛聞，親從佛受：諸有能修四神足，多修習行，常念不忘，在意所欲，可得不死一劫有餘。佛四神足已多習行，專念不忘，在意所欲，可止不死一劫有餘，爲世除冥，多所饒益，天人獲安。爾時，何不重請，使不滅度？再聞尚可，乃至三聞，猶不勸請留住一劫，一劫有餘，爲世除冥，多所饒益，天人獲安。今汝方言，豈不愚耶？吾三現相，汝三默然。汝於爾時，何不報我：如來可止一劫，一劫有餘，爲世除冥，多所饒益？且止！阿難！吾已捨性命，已棄已吐，欲使如來自違言者，無有是處。譬如豪貴長者，吐食於地，寧當復有肯還取食不？」

對曰：「不也。」

「如來亦然，已捨已吐，豈當復自還食言乎？」

佛告阿難俱詣菴婆羅村，即嚴衣鉢，與諸大衆侍從世尊，路由跋祇到菴婆羅村，在一山林。爾時，世尊爲諸大衆說戒、定、慧。修戒獲定，得大果報；修定獲智，得大果報；修智心淨，得等解脫，盡於三漏：欲漏、有漏、無明漏。已得解脫，生解脫智，生死已盡，梵行已立，所作已辦，不受後有。

爾時，世尊於菴婆羅村，隨宜住已。佛告阿難：「汝等皆嚴，當詣瞻婆村、揵荼村、婆梨婆村及詣負彌城。」

對曰：「唯然。」即嚴衣鉢，與諸大衆侍從世尊，路由跋祇漸至他城，於負彌城北，止尸舍婆林。

佛告諸比丘：「當與汝等說四大教法，諦聽！諦聽！善思念之。」

諸比丘言：「唯然，世尊！願樂欲聞。」

「何謂爲四？若有比丘作如是言：『諸賢！我於彼村、彼城、彼國，躬從佛聞，躬受是教。』從其聞者，不應不信，亦不應毀。當於諸經推其虛實，依律、依法究其本末。若其所言非經、非律、非法，當語彼言：『佛不說此，汝謬受耶？所以然者，我依諸經、依律、依法，汝先所言，與法相違。賢士！汝莫受持，莫爲人說，當捐捨之。』若其所言依經、依律、依法者，當語彼言：『汝所言是真佛所說，所以然者，我依諸經、依律、依法，汝先所言，與法相應。賢士！汝當受持，廣爲人說，慎勿捐捨。』此爲第一大教法也。」

「復次，比丘作如是言：『我於彼村、彼城、彼國，和合衆僧、多聞耆舊，親從其聞，親受是法、是律、是教。』從其聞者，不應不信，亦不應毀。當於諸經推其虛實，依法、依律究其本末。若其所言非經、非律、非法者，當語彼言：『佛不說此，汝於彼衆謬聽受耶？所以然者，我依諸經、依律、依法，汝先所言，與法相違。賢士！汝莫持此，莫爲人說，當捐捨之。』若其所言依經、依律、依法者，當語彼言：『汝所言是真佛所說，所以者何？我依諸經、依律、依法，汝先所言，與法相應。賢士！汝當受持，廣爲人說，慎勿捐捨。』此爲第二大教法也。」

「復次，比丘作如是言：『我於彼村、彼城、彼國，衆多比丘持法、持律、持律儀者，親從其聞，親受是法、是律、是教。』從其聞者，不應不信，亦不應毀。當於諸經推其虛實，依法、依律究其本末。若其所言非經、非律、非法者，當語彼言：『佛不說此，汝於衆多比丘謬聽受耶？所以然者，我依諸經、依律、依法，汝先所言，與法相違。賢士！汝莫受持，莫爲人說，當捐捨之。』若其所言依經、依律、依法者，當語彼言：『汝所言是真佛所說，所以然者，我依諸經、依律、依法，汝先所言，與法相應。賢士！汝當受持，廣爲人說，愼勿捐捨。』是爲第三大教法也。」

「復次，比丘作如是言：『我於彼村、彼城、彼國，一比丘持法、持律、持律儀者，親從其聞，親受是法、是律、是教。』從其聞者，不應不信，亦不應毀。當於諸經推其虛實，依法、依律究其本末。若所言非經、非律、非法者，當語彼言：『佛不說此，汝於一比丘所謬聽受耶？所以然者，我依諸經、依法、依律，汝先所言，與法相違。賢士！汝莫受持，莫爲人說，當捐捨之。』若其所言依經、依律、依法者，當語彼言：『汝所言是真佛所說，所以然者，我依諸經、依律、依法，汝先所言，與法相應。賢士，當勤受持，廣爲人說，愼勿捐捨。』是爲第四大教法也。」

爾時，世尊於負彌城隨宜住已，告賢者阿難俱詣波婆城，對曰：「唯然。」即嚴衣鉢，與諸大衆侍從世尊，路由末羅至波婆城闍頭園中。時，有工師子，名曰周那，聞佛從彼末羅來至此城，即自嚴服，至世尊所，頭面禮足，在一面坐。時，佛漸爲周那說法正化，示教利喜。周那聞佛說法，信心歡喜，即請世尊明日舍食。時，佛默然受請。周那知佛許可，即從座起，禮佛而歸，尋於其夜供設飯食。明日時到，唯聖知時。

爾時，世尊法服持鉢，大衆圍遶，往詣其舍，就座而坐。是時，周那尋設飲食，供佛及僧，別煮栴檀樹耳，世所奇珍，獨奉世尊。

佛告周那：『勿以此耳與諸比丘。』周那受教，不敢輒與。時，彼衆中有一長老比丘，晚暮出家，於其座上以餘器取。

爾時，周那見衆食訖，并除鉢器，行澡水畢，即於佛前以偈問曰：

敢問大聖智，正覺二足尊，善御上調伏，世有幾沙門？

爾時，世尊以偈答曰：

如汝所問者，沙門凡有四；志趣各不同，汝當識別之。
一行道殊勝，二善說道義，三依道生活，四爲道作穢。
何謂道殊勝，善說於道義，依道而生活，有爲道作穢？

能度恩愛刺，入涅槃無疑；超越天人路，說此道殊勝。
善解第一義，說道無垢穢；慈仁決衆疑，是爲善說道。
善敷演法句，依道以自生；遙望無垢場，名依道生活。
內懷於姦邪，外像如清白；虛誑無誠實，此爲道作穢。
云何善惡俱？淨與不淨雜，相似現外好，如銅爲金塗。
俗人遂見此，謂聖智弟子，餘者不盡爾，勿捨清淨信。
一人持大衆，內濁而外清；現閉姦邪迹，而實懷放蕩。
勿視外容貌，卒見便親敬；現閉姦邪迹，而實懷放蕩。

爾時，周那取一小座於佛前坐，佛漸爲說法，示教利喜已，大衆圍遶，侍從而還。中路止一樹下，告阿難言：「吾患背痛，汝可敷座。」對曰：「唯然。」尋即敷座，世尊止息。時，阿難又敷一小座於佛前坐。

佛告阿難：「向者周那無悔恨意耶？設有此意，爲由何生？」

阿難白佛言：「周那設供，無有福利。所以者何？如來最後於其舍食便取涅槃。」

佛告阿難：「勿作是言！勿作是言！今者周那爲獲大利，爲得壽命，得色，得力，得善名譽，生多財寶，死得生天，所欲自然。所以者何？佛初成道能施食者，佛臨滅度能施食者，此二功德正等無異。汝今可往語彼周那：『我親從佛聞，親受佛教，周那設食，今獲大利，得大果報。』」

時，阿難承佛教旨，即詣彼所，告周那曰：「我親從佛聞，親從佛受教，周那設食，今獲大利，得大果報。所以然者？佛初得道能飯食者，及臨滅度能飯食者，此二功德正等無異。」

周那舍食已，始聞如此言：如來患甚篤，壽行今將訖。
雖食栴檀耳，而患猶更增；抱病而涉路，漸向拘夷城。

爾時，世尊即從座起，小復前行，詣一樹下，又告阿難：「吾背痛甚，汝可敷座。」

對曰：「唯然。」尋即敷座，如來止息。阿難禮佛足已，在一面坐。

時，有阿羅漢弟子，名曰福貴，於拘夷那竭城向波婆城，中路見佛在一樹下，容貌端正，諸根寂定，得上調意第一寂滅。譬如大龍，亦如澄水，清淨無穢。見已歡喜，善心生焉，即到佛所，頭面禮足，在一面坐，而白佛言：「世尊！出家之人在清淨處，慕樂閑居，甚奇特也。有五百乘車經過其邊，而不聞見，我師一時在拘夷那竭城、波婆城，二城中間道側樹下，靜默而坐，時有五百乘車經過其邊，車聲轟轟覺而不聞。是時，有人來問我師：『向羣車過，寧見不耶？』對曰：『不見。』又問：『聞耶？』對曰：『不聞。』又問：『汝在此耶？在餘處耶？』答曰：『在此。』又問：『汝醒悟耶？』答曰：『醒悟』又問：『汝為覺寐？』答曰：「不寐。」彼人默念：是希有也，出家之人專精乃爾，車聲轟轟覺而不聞。即語我師曰：『向有五百乘車從此道過，車聲振動，尚且不聞，豈他聞哉？』即為作禮，歡喜而去。」

佛告福貴：「我今問汝，隨意所答，羣車振動覺而不聞，雷動天地覺而不聞，何者爲難？」

福貴白佛曰：「千萬車聲豈等雷電？不聞車聲未足爲難，雷動天地覺而不聞，斯乃爲難。」

佛告福貴：「我於一時遊阿越村，在一草廬，時有異雲暴起，雷電霹靂，殺四特牛、耕者兄弟二人，人衆大聚。時，我出草廬，彷徉經行，彼大衆中有一人來至我所，頭面禮足，隨我經行，我知而故問：『彼大衆聚何所爲耶？』其人即問：『佛向在何所？爲覺寐耶？』答曰：『在此，時不寐也。』其人亦歎希聞得定如佛者也，雷電霹靂，聲聒天地，而獨寂定覺而不聞，乃白佛言：『向有異雲暴起，雷電霹靂，殺四特牛、耕者兄弟二人，彼大衆聚，其正爲此。』其人心悅即得法喜，禮佛而去。」

爾時，福貴被二黃疊，價直百千，即從座起，長跪叉手而白佛言：「今以此疊奉上世尊，願垂納受！」

佛告福貴：「汝以一疊施我，一施阿難。」爾時，福貴承佛教旨，一奉如來，一施阿難。佛愍彼故、即爲納受。時，福貴禮佛足已，於一面坐，佛漸爲說法，示教利喜：施論、戒論、生天之論，欲爲大患、不淨、穢污，上漏爲礙，出要爲上。

時，佛知福貴意，歡喜柔軟，無諸蓋、纏，易可開化，如諸佛常法，即爲福貴說苦聖諦，苦集、苦滅、苦出要諦。時，福貴信心清淨，譬如淨潔白疊，易爲受色，即於座上遠塵離垢，諸法法眼生，見法得法，決定正住，不墮惡道，成就無畏，而白佛言：「我今歸依佛、歸依法、歸依僧，唯願如來聽我於正法中爲優婆塞！自今已後，盡壽不殺、不盜、不淫、不欺、不飲酒，唯願世尊聽我於正法中爲優婆塞！」

又白佛言：「世尊！遊化若詣波婆城，唯願屈意過貧聚中！所以然者，欲盡家所有飲食、臥床、衣服、湯藥，奉獻世尊，世尊受已，家內獲安。」

佛言：「汝所言善。」

爾時，世尊爲福貴說法，示教利喜已，即從座起，頭面禮足，歡喜而去。其去未久，阿難尋以黃疊奉上如來，如來哀愍，即爲受之，被於身上。爾時，世尊顏貌從容，威光熾盛，諸根清淨，面色和悅。阿難見已，默自思念：自我得侍二十五年，未曾見佛面色光澤，發明如今。即從座起，右膝著地，叉手合掌，前白佛言：「自我得侍二十五年，未曾見佛光色如今，不審何緣？願聞其意！」

佛告阿難：「有二因緣，如來光色有殊於常：一者佛初得道，成無上正真覺時；二者臨欲滅度，捨於性命般涅槃時。阿難！以此二緣，光色殊常。」爾時，世尊即說頌曰：

金色衣光悅，細軟極鮮淨；福貴奉世尊，如雪白毫光。

佛命阿難：「吾渴欲飲，汝取水來。」

阿難白言：「向有五百乘車於上流渡，水濁未清，可以洗足，不中飲也。」

如是三敕：「阿難！汝取水來！」

阿難白言：「今拘孫河去此不遠，清冷可飲，亦可澡浴。」

愍彼故，尋爲受之。而說頌曰：時，有鬼神居在雪山，篤信佛道，即以鉢盛八種淨水，奉上世尊。佛

佛以八種音，敕阿難取水，吾渴今欲飲，飲已詣拘尸；
柔軟和雅音，所言悅衆心。給侍佛左右，尋白於世尊：
向有五百車，截流渡彼岸，渾濁於此水，飲恐不便身；
拘孫河不遠，水美甚清冷；往彼可取飲，亦可澡浴身。
雪山有鬼神，奉上如來水；飲已威勢強，衆中師子步。
其水神龍居，清澄無濁穢；聖顏如雪山，安詳度拘孫。

爾時，世尊即詣拘孫河，飲已澡浴，與衆而去。中路止息在一樹下，告周那曰：「汝取僧伽梨四牒而敷，吾患背痛，欲暫止息。」周那受教，敷置已訖，佛坐其上。周那禮已，於一面坐，而白佛言：「我欲般涅槃，我欲般涅槃。」

佛告之曰：「宜知是時。」於是，周那即於佛前便般涅槃，佛時頌

曰：

佛趣拘孫河，清涼無濁穢，人中尊入水，澡浴度彼岸。
大衆之元首，教敕於周那：吾今身疲極，汝速敷臥具；
周那尋受教，四牒衣而敷；如來既止息，周那於前坐。
即白於世尊，我欲取滅度，無愛無憎處，今當到彼方。
無量功德海，最勝告彼曰：汝所作已辨，今宜知是時。
見佛已聽許，周那倍精勤；滅行無有餘，如燈盡火滅。

時，阿難即從座起，前白佛言：「佛滅度後，葬法云何？」

佛告阿難；「汝且默然，思汝所業，諸清信士自樂爲之。」

時，阿難復重三啓：「佛滅度後，葬法云何？」

佛告：「欲知葬法者，當如轉輪聖王。」

阿難又白；「轉輪聖王葬法云何？」

佛告阿難：「聖王葬法，先以香湯洗浴其體，以新劫貝周遍纏身，以五百張疊次如纏之。內身金棺灌以麻油畢，舉金棺置於第二大鐵槨中，栴檀香槨次重於外，積衆名香，厚衣其上而闍維之。訖收舍利，於四衢道起立塔廟，表刹懸繒，使國行人皆見法王塔，思慕正化，多所饒益。阿難！汝欲葬我，先以香湯洗浴，用新劫貝周遍纏身，以五百張疊次如纏之。內身金棺灌以麻油畢，舉金棺置於第二大鐵槨中，旃檀香槨次重於外，積衆名香，厚衣其上而闍維之。訖收舍利，於四衢道起立塔廟，表刹懸繒，使諸行人皆見佛塔，思慕如來法王道化，生獲福利，死得上天。」於時，世尊重觀此義，而說頌曰：

阿難從座起，長跪白世尊：如來滅度後，當以何法葬？
阿難汝且默，思惟汝所行；國內諸清信，自當樂爲之。
阿難三請已，佛說轉輪葬，欲葬如來身，疊裹內棺槨；
四衢起塔廟，爲利益衆生，諸有禮敬者，皆獲無量福。

佛告阿難:「天下有四種人,應得起塔,香花繒蓋,伎樂供養。何等爲四?一者如來應得起塔,二者辟支佛,三者聲聞人,四者轉輪王。阿難!此四種人應得起塔,香華繒蓋,伎樂供養。」爾時,世尊以偈頌曰:

佛應第一塔,辟支佛聲聞,及轉輪聖王,典領四域主。
斯四應供養,如來之所記,佛辟支聲聞,及轉輪王塔。

爾時,世尊告阿難:「俱詣拘尸城,末羅雙樹間。」對曰:「唯然。」即與大衆圍遶世尊,在道而行。

有一梵志從拘尸城趣波婆城,中路遙見世尊顏貌端正,諸根寂定,見已歡喜,善心自生,前至佛所,問訊訖,一面住,而白佛言:「我所居村去此不遠,唯願瞿曇於彼止宿,清旦食已,然後趣城。」

佛告梵志:「且止!且止!汝今便爲供養我已。」

時,梵志慇勤三請,佛答如初,又告梵志:「阿難在後,汝可語意。」

時，梵志聞佛教已，即詣阿難，問訊已，於一面立，白阿難言：「我所居村去此不遠，欲屈瞿曇於彼止宿，清旦食已，然後趣城。」

阿難答曰：「止！止！梵志！汝今已爲得供養已。」

梵志復請，慇勤至三，阿難答曰：「時既暑熱，彼村遠迴。世尊疲極，不足勞嬈。」

爾時，世尊觀此義已，即說頌曰：

淨眼前進路，疲極向雙樹；梵志遙見佛，速詣而稽首：
我村今在近，哀愍留一宿；清旦設微供，然後向彼城。
梵志我身倦，道遠不能過；監藏者在後，汝可往語意。
承佛教旨已，即詣阿難所：唯願至我村，清旦食已去。
阿難曰止止，時熱不相赴。三請不遂願，憂惱不悅樂。
咄此有爲法，流遷不常住；今於雙樹間，滅我無漏身。
佛辟支聲聞，一切皆歸滅；無常無撰擇，如火焚山林。

爾時，世尊入拘尸城，向本生處末羅雙樹間，告阿難曰：「汝爲如來於雙樹間敷置床座，使頭北首，面向西方。所以然者，吾法流布，當久住北方。」

對曰：「唯然。」即敷座，令北首。

爾時，世尊自四牒僧伽梨，偃右脅如師子王，累足而臥。時，雙樹間所有鬼神篤信佛者，以非時花布散於地。爾時，世尊告阿難曰：「此雙樹神以非時華供養於我，此非供養如來。」

阿難白言：「云何名爲供養如來？」

佛語阿難：「人能受法，能行法者，斯乃名曰供養如來。」佛觀此義，而說頌曰：

佛在雙樹間，偃臥心不亂；樹神心清淨，以花散佛上。
阿難白佛言：云何名供養？受法而能行，覺華而爲供。
紫金華如輪，散佛未爲供；陰界入無我，乃名第一供。

爾時，梵摩那在於佛前執扇扇佛，佛言：「汝卻，勿在吾前。」時，阿難默自思念：此梵摩那常在佛左右，供給所須，當尊敬如來，視無厭足。今者末後須其瞻視，乃命使卻，意將何因？於是，阿難即整衣服，前白佛言：「此梵摩那常在佛左右，供給所須，當尊敬如來，視無厭足。今者末後須其瞻視，而命使卻，將有何因？」

佛告阿難：「此拘尸城外有十二由旬，皆是諸大神天之所居宅，無空缺處。此諸大神皆嫌此比丘當佛前立：今佛末後垂當滅度，吾等諸神，冀一奉覲，而此比丘有大威德，光明映蔽，使我曹等不得親近禮拜供養。阿難！我以是緣，故命使卻。」

阿難白佛：「此尊比丘本積何德？修何行業？今者威德乃如是乎？」

佛告阿難：「乃往過去久遠九十一劫，時世有佛，名毗婆尸，時此比丘以歡喜心，手持草炬，以照彼塔，由此因緣，使今威光上徹二十八天，諸天神光所不能及。」

爾時，阿難即從座起，偏袒右肩，長跪叉手而白佛言：「莫於此鄙陋小城荒毀之土取滅度也。所以者何？更有大國：瞻婆大國、毗舍離國、王舍城、婆祇國、舍衛國、迦維羅衛國、婆羅㮈國，其土人民衆多，信樂佛法，佛滅度已，必能供敬恭養舍利。」

佛言：「止！止！勿造斯觀，無謂此土以爲鄙陋。所以者何？昔者，此國有王名大善見，此城時名拘舍婆提，大王之都城，長四百八十里，廣二百八十里。是時，穀米豐賤，人民熾盛，其城七重，遶城欄楯亦復七重，彫文刻鏤，間懸寶鈴。其城下基深三仞，高十二仞，城上樓觀高十二仞，柱圍三仞。金城銀門，銀城金門；琉璃城水精門，水精城琉璃門。」

「其城周圍四寶莊嚴，間錯欄楯亦以四寶。金樓銀鈴，銀樓金鈴，寶塹七重，中生蓮花：優鉢羅花、鉢頭摩花、俱物頭花、分陀利花，下有金沙布現其底，夾道兩邊生多鄰樹。其金樹者，銀葉花實。其銀樹者，金葉花實。水精樹者，琉璃花實。琉璃樹者，水精花實。多鄰樹間有衆浴池，清流深潭，潔淨無穢，以四寶塼間砌其邊。金梯銀隥，銀梯金隥；琉璃梯金隥，琉璃梯陛水精爲隥，水精梯陛琉璃爲隥。周匝欄楯，遼遶相承。其城處處生多鄰樹。其金樹者，銀葉花實。其銀樹者，金葉花實。水精樹者，琉璃花實。琉璃樹者，水精花實。樹間亦有四種寶池，生四種花。街巷齊整，行伍相當，風吹衆花，紛紛路側。微風四起，吹諸寶樹，出柔軟音，猶如天樂。其國人民，男女大小，共遊樹間，以自娛樂。其國常有十種聲：貝聲、鼓聲、波羅聲、歌聲、舞聲、吹聲、象聲、馬聲、車聲、飲食戲笑聲。」

「爾時，大善見王七寶具足，王有四德，主四天下。何謂七寶？一、金輪寶，二、白象寶，三、紺馬寶，四、神珠寶，五、玉女寶、六、居士寶，七、主兵寶。云何善見大王成就金輪寶？王常以十五日月滿時，沐浴香湯，昇高殿上，婇女圍遶，自然輪寶忽現在前，輪有千輻，光色具足，天匠所造，非世所有，真金所成，輪徑丈四。大善見王默自念言：我曾從先宿耆舊聞如是語：剎利王水澆頭種，以十五日月滿時，沐浴香湯，昇寶殿上，婇女圍遶，自然金輪忽現在前，輪有千輻，光色具足，天匠所造，非世所有，真金所成，輪徑丈四，是則名爲轉輪聖王。今此輪現，將無是耶？今我寧可試此輪寶。」

「時，大善見王即召四兵，向金輪寶偏露右臂，右膝著地，以右手摩拭金輪，語言：『汝向東方，如法而轉，勿違常則。』輪即東輪。時，善見王即將四兵隨其後行，金輪寶前有四神引導，輪所住處，王即止駕。爾時，東方諸小國王見大王至，以金鉢盛銀粟，銀鉢盛金粟，來趣王所，拜首白言：『善來，大王！今此東方土地豐樂，人民熾盛，志性仁和，慈孝忠順。唯願聖王於此治政！我等當給使左右，承受所宜。』當時，善見大王語小王言：『止！止！諸賢！汝等則為供養我已，但當以正法治，勿使偏枉，無令國內有非法行，此即名曰我之所治。』」

「時，諸小王聞此教已，即從大王巡行諸國，至東海表；次行南方、西方、北方。隨輪所至，其諸國王各獻國土，亦如東方諸小王。此時，善見王既隨金輪，周行四海，以道開化，安慰民庶，已還本國拘舍婆城。時，金輪寶在宮門上虛空中住，大善見王踊躍而言：『此金輪寶真為我瑞，我今真為轉輪聖王。』是為金輪寶成就。」

「云何善見大王成就白象寶？時，善見大王清旦在正殿上坐，自然象寶忽現在前，其毛純白，七處平住，力能飛行，其首雜色，六牙纖𦟛，真金間填。時王見已，念言：此象賢良，若善調者，可中御乘。即試調習，諸能悉備。時，善見大王欲自試象，即乘其上，清旦出城，周行四海，食時已還。時，善見王踊躍而言：『此白象寶真為我瑞，我今真為轉輪聖王。』是為象寶成就。」

「云何善見大王成就馬寶？時，善見大王清旦在正殿上坐，自然馬寶忽現在前，紺青色，朱髦尾，頭頸如烏，力能飛行。時王見已，念言：此馬賢良，若善調者，可中御乘。即試調習，諸能悉備。時，善見王欲自試馬寶，即乘其上，清旦出城，周行四海，食時已還。時，善見王踊躍而言：『此紺馬寶真為我瑞，我今真為轉輪聖王。』是為紺馬寶成就。

「云何善見大王神珠寶成就？時，善見大王於清旦在正殿上坐，自然神珠忽現在前，質色清徹，無有瑕穢。時王見已，言：『此珠妙好，若有光明，可照宮內。』時，善見大王欲試此珠，即召四兵，以此寶珠置高幢上，於夜冥中齎幢出城，其珠光明，照諸軍衆，猶如晝日。於軍衆外周匝，復能照一由旬。現城中人皆起作務，謂爲是晝。時，王善見踊躍而言：『今此神珠寶真爲我瑞，我今真爲轉輪聖王。』是爲神珠寶成就。

「云何善見大王成就玉女寶？時，玉女寶忽然出現，顏色從容，面貌端正，不長不短，不麁不細，不白不黑，不剛不柔，冬則身溫，夏則身涼，舉身毛孔出栴檀香，口出優鉢羅華香，言語柔軟，舉動安詳，先起後坐，不失宜則。時，王善見清淨無著，心不暫念，況復親近。時，王善見踊躍而言：『此玉女寶真爲我瑞，我今真爲轉輪聖王。』是爲玉女寶成就。

「云何善見大王居士寶成就？時，居士丈夫忽然自出，寶藏自然，財富無量。居士宿福，眼能徹視地中伏藏，有主無主，皆悉見知。其有主者，能爲擁護；其無主者，取給王用。時，居士寶往白王言：『大王！有所給與，不足爲憂，我自能辦。』時，善見王欲試居士寶，即敕嚴船於水遊戲，告居士曰：『我須金寶，汝速與我。』居士報曰：『大王小待，須至岸上。』王尋逼言：『我停須用，正今得來。』時，居士寶被王嚴敕，即於船上長跪，以右手內著水中，水中寶瓶隨手而出，如蟲緣樹。彼居士寶，亦復如是，內手水中，寶緣手出，充滿船上，而白王言：『向須寶用，爲須幾許？』時，王善見語居士言：『止！止！吾無所須，向相試耳！汝今便爲供養我已。』時，彼居士聞王語已，尋以寶物還投水中。時，善見王踊躍而言：『此居士寶真爲我瑞，我今真爲轉輪聖王。』是爲居士寶成就。

「云何善見大王主兵寶成就？時，主兵寶忽然出現，智謀雄猛，英略獨決，即詣王所白言：『大王！有所討伐，王不足憂，我自能辦。』時，善見大王欲試主兵寶，即集四兵而告之曰：『汝今用兵，未集者集，已集者放；未嚴者嚴，已嚴者解；未去者去，已去者住。』時，主兵寶聞王語已，即令四兵，未集者集，已集者放；未嚴者嚴，已嚴者解；未去者去，已去者住。時，善見王踊躍而言：『此主兵寶真爲我瑞，我今真爲轉輪聖王。』阿難！是爲善見轉輪聖王成就七寶。」

「何謂四神德？一者長壽不夭，無能及者。二者身强無患，無能及者。三者顏貌端正，無能及者。四者寶藏盈溢，無能及者。是爲轉輪聖王成就七寶及四功德。

「阿難！時，善見王久乃命駕，出遊後園，尋告御者：『汝當善御，安詳而行。所以然者，吾欲諦觀國土人民安樂無患。』時，國人民路次觀者，復語侍人：『汝且徐行，吾欲諦觀聖王威嚴。』阿難！時，善見王慈育民物，如父愛子；國民慕王，如子仰父，所有珍奇盡以貢王，願垂納受，在意所與。時王報曰：『且止！諸人！吾自有寶，汝可自用。』復於異時，王作是念：我今寧可造作宮觀。適生是意，時國人民詣王善見，各白王言：『我今為王造作宮殿。』王報之曰：『我今以為得汝供養，我有寶物，自足成辦』。時，國人民復重啓王：『我欲與王造立宮殿。』王告人民：『隨汝等意。』時，諸人民承王教已，即以八萬四千兩車，載金而來，詣拘舍婆城，造立法殿。時，第二忉利妙匠天子默自思念：唯我能堪與善見王起正法殿。」

「阿難！時，妙匠天造正法殿，長六十里，廣三十里，四寶莊嚴，下基平整，七重寶塼以砌其階。其法殿柱有八萬四千，金柱銀櫨，銀柱金櫨，琉璃、水精櫨柱亦然。繞殿周匝，有四欄楯，皆四寶成，又四階陛亦四寶成。其法殿上有八萬四千寶樓，其金樓者銀爲戶牖，其銀樓者金爲戶牖，水精、琉璃樓戶亦然。金樓銀床，銀樓金床，綩綖細軟，金縷織成，布其座上，水精、琉璃樓床亦然。其殿光明，眩曜人目，猶日盛明，無能視者。時，善見王自生念言：我今可於是殿左右起多鄰園池。即造園池，縱廣一由旬。

「又復自念：於法殿前造一法池。尋即施造，縱廣一由旬。其水清澄，潔淨無穢，以四寶塼廁砌其下，繞池四邊，欄楯周匝，皆以黃金、白銀、水精、琉璃四寶合成。其池水中生衆雜華，優鉢羅華、鉢頭摩華、俱物頭華、分陀利華，出微妙香，馚馥四散。其池四面陸地生華：阿醯物多華、瞻蔔華、波羅羅華、須曼陀華、婆師迦華、檀俱摩梨華。使人典池，諸行過者將入洗浴，遊戲清涼，隨意所欲，須漿與漿，須食與食。衣服、車馬、香華、財寶，不逆人意。」

「阿難！時，善見王有八萬四千象，金銀校飾，絡用寶珠，齊象王爲第一。八萬四千馬，金銀校飾，絡用寶珠，力馬王爲第一。八萬四千車，師子革絡，四寶莊嚴，金輪寶爲第一。八萬四千珠，神珠寶爲第一。八萬四千玉女，玉女寶爲第一。八萬四千居士，居士寶爲第一。八萬四千刹利，主兵寶爲第一。八萬四千城，拘尸婆提城爲第一。八萬四千殿，正法殿爲第一。八萬四千樓，大正樓爲第一。八萬四千床，皆以黃金、白銀、衆寶所成，氍氀毾㲪，綩綖細軟，以布其上。八萬四千億衣，初摩衣、迦尸衣、劫波衣爲第一。八萬四千種食，日日供設，味味各異。

「阿難！時，善見王八萬四千象，乘齊象上，清旦出拘尸城，案行天下，周遍四海，須臾之間，還入城食。八萬四千馬，乘力馬寶，清旦出遊，案行天下，周遍四海，須臾之間，還入城食。八萬四千車，乘金輪車，駕力馬寶，清旦出遊，案行天下，周遍四海，須臾之間，還入城食。八萬四千神珠，以神珠寶，照於宮內，晝夜常明。八萬四千玉女，玉女寶善賢給侍左右。八萬四千居士，有所給與，任居士寶。八萬四千刹利，有所討伐，任主兵寶。八萬四千城，常所治都，在拘尸城。八萬四千殿，王所常止，在正法殿。八萬四千樓，王所常止，在大正樓。八萬四千座，王所常止，在頗梨座，以安禪故。八萬四千億衣，上妙寶飾，隨意所服，以慚愧故。八萬四千種食，王所常食，食自然飯，以知足故。」

「時，八萬四千象來現，王時蹋蹈衝突，傷害衆生，不可稱數。時王念言：此象數來，多所損傷，自今而後，百年聽現一象。如是轉次百年現，一周而復始。」

遊行經（下）

爾時，佛告阿難：「時王自念：我本積何功德？修何善本？今獲果報，巍巍如是。復自思念：以三因緣，致此福報。何謂三？一曰布施，二曰持戒，三曰禪思，以是因緣，今獲大報。王復自念：我今已受人間福報，當復進修天福之業，宜自抑損，去離憒鬧，隱處閑居，以崇道術。時，王即命善賢寶女，而告之曰：『我今已受人間福報，當復進修天福之業，宜自抑損，去離憒鬧，隱處閑居，以崇道術。』女言：『唯諾，如大王教。』即敕內外，絕於侍覲。

「時，王即昇法殿，入金樓觀，坐銀御床，思惟貪淫欲、惡不善，有覺、有觀，離生喜、樂，得第一禪。除滅覺、觀，內信歡悅，斂心專一，無覺、無觀，定生喜、樂，得第二禪。捨喜守護，專念不亂，自知身樂，賢聖所求，護念樂行，得第三禪。捨滅苦、樂，先除憂、喜，不苦不樂，護念清淨，得第四禪。時，善見王起銀御床，出金樓觀，詣大正樓，坐琉璃床，修習慈心，遍滿一方，餘方亦爾，周遍廣普無二無量，除衆瞋恨，心無嫉惡，靜默慈柔以自娛樂。悲、喜、捨心，亦復如是。」

「時，玉女寶默自念言：久違顏色，思一侍覲，今者寧可奉現大王。時，寶女善賢告八萬四千諸婇女曰：『汝等宜各沐浴香湯，嚴飾衣服。所以然者，我等久違顏色，宜一奉覲。』諸女聞已，各嚴衣服，沐浴澡潔。時，寶女善賢又告主兵寶臣集四種兵：『我等久違朝覲，宜一奉現。』時，主兵臣即集四兵，白寶女言：『四兵已集，宜知是時。』於是，寶女將八萬四千婇女，四兵導從，詣金多鄰園，大衆震動，聲聞於王。王聞聲已臨窗而觀，寶女即前，戶側而立。

「時，王見女，尋告之曰：『汝止勿前，吾將出觀。』時，善見王起頗梨座，出大正樓，下正法殿，與玉女寶詣多鄰園，就座而坐。時，善見王容顏光澤有踰於常，善賢寶女即自念言：今者大王色勝於常，是何異端？時，女尋白大王：『今者顏色異常，將非異瑞，欲捨壽耶？今此八萬四千象，白象寶爲第一。金銀交飾，珞用寶珠，自王所有，願少留意，共相娛樂，勿便捨壽，孤棄萬民。又八萬四千馬，力馬王爲第一。八萬四千車，輪寶爲第一。八萬四千珠，神珠寶第一。八萬四千女，玉女寶第一。八萬四千居士，居士寶第一。八萬四千剎利，主兵寶第一。八萬四千城，拘尸城第一。八萬四千殿，正法殿第一。八萬四千樓，大正樓第一。八萬四千座，寶飾座第一。八萬四千億衣，柔軟衣第一。八萬四千種食，味味珍異。凡此衆寶，皆王所有，願少留意，共相娛樂，勿便捨壽，孤棄萬民。』

時，善見王答寶女曰：『自汝昔來恭奉於我，慈柔敬順，言無麁漏，今者何故，乃作此語？』女白王曰：『不審所白有何不順？』王告女曰：『汝向所言：象馬、寶車、金輪、宮觀、名服、餚饍，斯皆無常，不可久保，而勸我留，豈是順耶？』女白王言：『不審慈順，當何以言？』王告女曰：『汝若能言：象馬、寶車、金輪、宮觀、名服、餚饍，斯皆無常，不可久保，願不戀著，以勞神思。所以然者，王命未幾當就後世，夫生有死，合會有離，何有生此而永壽者？宜割恩愛以存道意。斯乃名曰敬順言也。』」

「阿難！時，玉女寶聞王此教，悲泣號啼，抆淚而言：『象馬、寶車、金輪、宮觀、名服、餚饍，斯皆無常，不可久保，願不戀著，以勞神思。所以然者，王壽未幾當就後世，夫生有死，合會有離，何有生此而永壽者？宜割恩愛以存道意。』」

「阿難！彼玉女寶撫此言頃，時善見王忽然命終，猶如壯士美飯一餐，無有苦惱，魂神上生第七梵天。其王善見死七日後，輪寶、珠寶自然不現，象寶、馬寶、玉女寶、居士寶、主兵寶同日命終。城池、法殿、樓觀、寶飾、金多鄰園，皆變爲土木。」

佛告阿難：「此有爲法，無常變易，要歸磨滅，貪欲無厭，消散人命，戀著恩愛，無有知足。唯得聖智，諦見道者，爾乃知足。阿難！我自憶念，曾於此處六返，作轉輪聖王，終措骨於此。今我成無上正覺，復捨性命，措身於此，自今已後，生死永絕，無有方土，措吾身處，此最後邊，更不受有。」

爾時，世尊在拘尸那竭本所生處，娑羅園中雙樹間，臨將滅度，告阿難曰：「汝入拘尸那竭城，告諸末羅：『諸賢！當知如來夜半於娑羅園雙樹間當般涅槃，汝等可往諮問所疑，面受教誡，宜及是時，無從後悔。』是時，阿難受佛教已，即從座起，禮佛而去。與一比丘垂淚而行，入拘尸城，見五百末羅以少因緣，集在一處。

時，諸末羅見阿難來，即起作禮，於一面立。白阿難言：「不審尊者今入此城，何甚晚暮？欲何所為？」

阿難垂淚言：「吾為汝等，欲相饒益，故來相告。卿等當知，如來夜半當般涅槃，汝等可往諮問所疑，面受教誡，宜及是時，無從後悔。」

時，諸末羅聞是言已，舉聲悲號，宛轉躃地，絕而復甦，譬如大樹根拔，枝條摧折。同舉聲言：「佛取滅度，何其駛哉！佛取滅度，何其速哉！羣生長衰，世間眼滅。」

是時，阿難慰勞諸末羅言：「止！止！忽悲！天地萬物，無生不終，欲使有為而常存者，無有是處。佛不云乎？合會有離，生必有盡。」

時，諸末羅各相謂言：「吾等還歸，將諸家屬，並持五百張白疊，共詣雙樹。」

時，諸末羅各歸舍已，將諸家屬，并持白疊，出拘尸城，詣雙樹間，至阿難所。阿難遙見，默自念言：彼人衆多，若一一見佛，恐未周聞，佛先滅度。我今寧可使於前夜，同時見佛。即將五百末羅及其家屬，至世尊所，頭面禮足，在一面立。阿難前白佛言：「某甲某甲諸末羅等及其家屬，問訊世尊起居增損。」

佛報言：「勞汝等來，當使汝等壽命延長，無病無痛。」阿難乃能將諸末羅及其家屬，使見世尊。

時，諸末羅頭面禮足，於一面坐。爾時，世尊爲說無常，示教利喜。時，諸末羅聞法歡喜，即以五百張疊，奉上世尊，佛爲受之，諸末羅即從座起，禮佛而去。

是時，拘尸城內有一梵志，名曰須跋，年百二十，耆舊多智，聞沙門瞿曇今夜於雙樹間當取滅度，自念言：吾於法有疑，唯有瞿曇能解我意，今當及時自力而行。即於其夜，出拘尸城，詣雙樹間，至阿難所，問訊已，一面立，白阿難曰：「我聞瞿曇沙門今夜當取滅度，故來至此，求一相見。我於法有疑,願見瞿曇,一決我意,寧有閑暇得相見不?」

阿難報言:「止!止!須跋!佛身有疾,無勞擾也。」

須跋固請,乃至再三:「吾聞如來時一出世,如優曇鉢花時時乃出,故來求現,欲決所疑,寧有閑暇暫相見不?」

阿難答如初:「佛身有疾,無勞擾也。」

時,佛告阿難:「汝勿遮止,聽使來入,此欲決疑,無嬈亂也,設聞我法,必得開解。」

阿難乃告須跋:「汝欲覲佛,宜知是時。」

須跋既入,問訊已,一面坐,而白佛言:「我於法有疑,寧有閑暇一決所滯不?」

佛言:「恣汝所問。」

須跋即問:「云何,瞿曇!諸有別衆,自稱爲師,不蘭迦葉、末伽梨憍舍梨、阿浮陀翅舍金披羅、波浮迦旃、薩若毗耶梨弗、尼揵子,此諸師等,各有異法。瞿曇沙門能盡知耶?不盡知耶?」

佛言：「止！止！用論此爲，吾悉知耳。今當爲汝說深妙法，諦聽！諦聽！善思念之。」

須跋受教，佛告之曰：「若諸法中，無八聖道者，則無第一沙門果，第二、第三、第四沙門果。須跋！以諸法中有八聖道故，便有第一沙門果，第二、第三、第四沙門果。須跋！今我法中有八聖道，有第一沙門果，第二、第三、第四沙門果，外道異衆無沙門果。」爾時，世尊爲須跋而說頌曰：

我年二十九，出家求善道；須跋我成佛，今已五十年。
戒定智慧行，獨處而思惟；今說法之要，此外無沙門。

佛告須跋：「若諸比丘皆能自攝者，則此世間羅漢不空。」

是時，須跋白阿難言：「諸有從沙門瞿曇已行梵行，今行、當行者，爲得大利。阿難！汝於如來所修行梵行，亦得大利。我得面覲如來，諮問所疑，亦得大利。今者，如來則爲以弟子莂而莂我已。」

即白佛言：「我今寧得於如來法中出家受具戒不？」

佛告須跋：「若有異學梵志於我法中修梵行者，當試四月，觀其人行，察其志性，具諸威儀無漏失者，則於我法得受具戒。須跋！當知在人行耳。」

須跋復白言：「外道異學於佛法中當試四月，觀其人行，察其志性，具諸威儀無漏失者，乃得具戒。今我能於佛正法中四歲使役，具諸威儀，無有漏失，乃受具戒。」

佛告須跋：「我先已說在人行耳。」

於是，須跋即於其夜，出家受戒，淨修梵行，於現法中，自身作證：生死已盡，梵行已立，所作已辦，得如實智，更不受有。時夜未久，即成羅漢，是爲如來最後弟子，便先滅度而佛後焉。

是時，阿難在佛後立，撫床悲泣，不能自勝，歔欷而言：「如來滅度，何其駛哉！世尊滅度，何其疾哉！大法淪曀，何其速哉！羣生長衰，世間眼滅。所以者何？我蒙佛恩，得在學地，所業未成，而佛滅度。」

爾時，世尊知而故問：「阿難比丘今為所在？」

時，諸比丘白如來曰：「阿難比丘今在佛後撫床悲泣，不能自勝，歔欷而言：『如來滅度，何其駛哉！世尊滅度，何其疾哉！大法淪曀，何其速哉！羣生長衰，世間眼滅。所以者何？我蒙佛恩，得在學地，所業未成，而佛滅度。』」

佛告阿難：「止！止！勿憂莫悲泣也。汝侍我以來，身行有慈，無二無量；言行有慈，意行有慈，無二無量。阿難！汝供養我，功德甚大，若有供養諸天、魔、梵、沙門、婆羅門，無及汝者。汝但精進，成道不久。」

爾時，世尊告諸比丘：「過去諸佛給侍弟子亦如阿難，未來諸佛給侍弟子亦如阿難。然過去佛給侍弟子，語然後知，今我阿難，舉目即知：如來須是，世尊須是。此是阿難未曾有法，汝等持之。轉輪聖王有四奇特未曾有法，何等四？聖王行時，舉國民庶皆來奉迎，見已歡喜，聞教亦喜，瞻仰威顏，無有厭足。轉輪聖王若住、若坐，及與臥時，國內臣民盡來王所，見王歡喜，聞教亦喜，瞻仰威顏，無有厭足，是為轉輪聖王四奇特法。今我阿難亦有此四奇特之法，何等四？阿難默然入比丘衆，見皆歡喜，為衆說法，聞亦歡喜，觀其儀容，聽其說法，無有厭足。復次，阿難默然至比丘尼衆中、優婆塞衆中、優婆夷衆中，見俱歡喜，若與說法，聞亦歡喜，觀其儀容，聽其說法，無有厭足，是為阿難四未曾有奇特之法。」

爾時，阿難偏露右肩，右膝著地，而白佛言：「世尊！現在四方沙門耆舊多智，明解經律，清德高行者來覲世尊，我因得禮敬，親覲問訊。佛滅度後，彼不復來，無所瞻對，當如之何？」

佛告阿難：「汝勿憂也。諸族姓子常有四念，何等四？一曰念佛生處，歡喜欲見，憶念不忘，生戀慕心。二曰念佛初得道處，歡喜欲見，憶念不忘，生戀慕心。三曰念佛轉法輪處，歡喜欲見，憶念不忘，生戀慕心。四曰念佛般泥洹處，歡喜欲見，憶念不忘，生戀慕心。阿難！我般泥洹後，族姓男女念佛生時，功德如是。佛得道時，神力如是。轉法輪時，度人如是，臨滅度時，遺法如是。各詣其處，遊行禮敬諸塔寺已，死皆生天，除得道者。」

佛告阿難：「我般涅槃後，諸釋種來，求爲道者，當聽出家，授具足戒，勿使留難。諸異學梵志來求爲道，亦聽出家受具足戒，勿試四月。所以者何？彼有異論，若小稽留，則生本見。」

爾時，阿難長跪叉手，前白佛言：「闡怒比丘虜㒞自用，佛滅度後，當如之何？」

佛告阿難：「我滅度後，若彼闡怒不順威儀，不受教誡，汝等當共行梵檀罰，敕諸比丘不得與語，亦勿往返教授從事。」

是時，阿難復白佛言：「佛滅度後，諸女人輩未受誨者，當如之何？」

佛告阿難：「莫與相見。」

阿難又曰：「設相見者，當如之何？」

佛言：「莫與共語。」

阿難又白：「設與語者，當如之何？」

佛言：「當自撿心。阿難！汝謂佛滅度後，無復覆護，失所持耶？勿造斯觀，我成佛來所說經戒，即是汝護，是汝所持。阿難！自今日始，聽諸比丘捨小小戒。上下相呼，當順禮度，斯則出家敬順之法。」

佛告諸比丘：「汝等若於佛、法、衆有疑，於道有疑者，當速諮問，宜及是時，無從後悔。及吾現存，當爲汝說。」時，諸比丘默然無言。

佛又告曰：「汝等若於佛、法、衆有疑，於道有疑，當速諮問，宜及是時，無從後悔。及吾現存，當爲汝說。」時，諸比丘又復默然。

佛復告曰：「汝等若自慚愧，不敢問者，當因知識，速來諮問，宜及是時，無從後悔。」時，諸比丘又復默然。

阿難白佛言：「我信此衆皆有淨信，無一比丘疑佛、法、衆，疑於道者。」

佛告阿難：「我亦自知今此衆中最小比丘皆見道跡，不趣惡道，極七往返，必盡苦際。」爾時，世尊即記莂千二百弟子所得道果。

時，世尊披鬱多羅僧，出金色臂，告諸比丘：「汝等當觀如來時時出世，如優曇鉢花時一現耳。」爾時，世尊重觀此義，而說偈言：

右臂紫金色，佛現如靈瑞；去來行無常，現滅無放逸。

「是故，比丘！無為放逸。我以不放逸故，自致正覺。無量衆善，亦由不放逸得，一切萬物無常存者。」此是如來末後所說。於是，世尊即入初禪，從初禪起，入第二禪。從第二禪起，入第三禪。從第三禪起，入第四禪起。從四禪起，入空處定。從空處定起，入識處定。從識處定起，入不用定。從不用定起，入有想無想定。從有想無想定起，入滅想定。

是時，阿難問阿那律：「世尊已般涅槃耶？」

阿那律言：「未也，阿難！世尊今者在滅想定。我昔親從佛聞，從四禪起，乃般涅槃。」

於時，世尊從滅想定起，入有想無想定。從有想無想定起，入不用定。從不用定起，入識處定。從識處定起，入空處定。從空處定起，入第四禪。從第四禪起，入第三禪。從第三禪起，入第二禪。從第二禪起，入第一禪。從第一禪起，入第二禪。從二禪起，入第三禪。從三禪起，入第四禪。從四禪起，佛般涅槃。當於爾時，地大震動，諸天世人皆大驚怖。諸有幽冥日月光明所不照處，皆蒙大明，各得相見，迭相謂言：「彼人生此，彼人生此。」其光普遍，過諸天光。

時，忉利天於虛空中，以文陀羅花、優鉢羅、波頭摩、拘摩頭、分陀利花散如來上，及散衆會。又以天末栴檀而散佛上，及散大衆。佛滅度已，時梵天王於虛空中以偈頌曰：

一切昏萌類，皆當捨諸陰；佛爲無上尊，世間無等倫。
如來大聖雄，有無畏神力；世尊應久住，而今般涅槃。

爾時，釋提桓因復作頌曰：

陰行無有常，但爲興衰法；生者無不死，佛滅之爲樂。

爾時，毗沙門王復作頌曰：

福樹大叢林，無上福娑羅；受供之良田，雙樹間滅度。

爾時，阿那律復作頌曰：

佛以無爲住，不用出入息；本由寂滅來，靈曜於是沒。

爾時，梵摩那比丘復作頌曰：

不以懈慢心，約己修上慧；無著無所染，離愛無上尊。

爾時，阿難比丘復作頌曰：

天人懷恐怖，衣毛爲之豎；一切皆成就，正覺取滅度。

爾時，金毗羅神復作頌曰：

世間失覆護，羣生永盲冥；不復覩正覺，人雄釋師子。

爾時，密迹力士復作頌曰：

今世與後世，梵世諸天人；更不復覩見，人雄釋師子。

爾時，佛母摩耶復作頌曰：

佛生樓毗園，其道廣流布；還到本生處，永棄無常身。

爾時，雙樹神復作頌曰：

何時當復以，非時花散佛；十力功德具，如來取滅度。

爾時，娑羅園神復作頌曰：

此處最妙樂，佛於此生長；即此轉法輪，又於此滅度。

爾時，四天王復作頌曰：

如來無上智，常說無常論；解羣生苦縛，究竟入寂滅。

爾時，忉利天王復作頌曰：

於億千萬劫，求成無上道；解羣生苦縛，究竟入寂滅。

爾時，焰天王復作頌曰：

此是最後衣，纏裹如來身；佛既滅度已，衣當何處施？

爾時，兜率陀天王復作頌曰：

此是末後身，陰界於此滅；無憂無喜想，無復老死患。

爾時，化自在天王復作頌曰：

佛於今後夜，偃右脅而臥；於此娑羅園，釋師子滅度。

爾時，他化自在天王復作頌曰：

世間永衰冥，星王月奄墜；無常之所覆，大智日永翳。

是身如泡沫，危脆誰當樂？佛得金剛身，猶爲無常壞。

諸佛金剛體，皆亦歸無常；速滅如少雪，其餘復何異？

爾時，異比丘而作頌曰：

佛般涅槃已，時諸比丘悲慟殞絕，自投於地，宛轉號咷，不能自勝，歔欷而言：「如來滅度，何其駛哉！世尊滅度，何其疾哉！大法淪翳，何其速哉！羣生長衰，世間眼滅。譬如大樹根拔，枝條摧折。又如斬蛇，宛轉迴遑，莫知所奉。」

時，諸比丘亦復如是，悲慟殞絕，自投於地，宛轉號咷，不能自勝，歔欷而言：「如來滅度，何其駛哉！世尊滅度，何其疾哉！大法淪翳，何其速哉！羣生長衰，世間眼滅。」

爾時，長老阿那律告諸比丘：「止！止！勿悲！諸天在上，儻有怪責。」

時，諸比丘問阿那律：「上有幾天？」

阿那律言：「充滿虛空，豈可計量？皆於空中徘徊騷擾，悲號躃踊，垂淚而言：『如來滅度，何其駛哉！世尊滅度，何其疾哉！大法淪翳，何其速哉！羣生長衰，世間眼滅。譬如大樹根拔，枝條摧折。又如斬蛇，宛轉迴遑，莫知所奉。』是時，諸天亦復如是，皆於空中徘徊騷擾，悲號躃踊，垂淚而言：「如來滅度，何其駛哉！世尊滅度，何其疾哉！大法淪翳，何其速哉！羣生長衰，世間眼滅。』」

時，諸比丘竟夜達曉，講法語已，阿那律告阿難言：「汝可入城，語諸末羅：『佛已滅度，所欲施作，宜及時爲。』」

是時，阿難即起，禮佛足已，將一比丘，涕泣入城，遙見五百末羅以少因緣，集在一處。諸末羅見阿難來，皆起奉迎，禮足而立，白阿難言：「今來何早？」

阿難答言：「我今爲欲饒益汝故，晨來至此。汝等當知：如來昨夜已取滅度，汝欲施作，宜及時爲。」

時，諸末羅聞是語已，莫不悲慟，捫淚而言：「一何駛哉！佛般涅槃。一何疾哉！世間眼滅。」

阿難報曰：「止！止！諸君勿爲悲泣，欲使有爲不變易者，無有是處。佛已先説：『生者有死，合會有離；一切恩愛，無常存著。』」

時，諸末羅各相謂言：「宜各還歸，辦諸香花及衆伎樂，速詣雙樹，供養舍利，竟一日已，以佛舍利置於床上，使末羅童子舉床四角，擎持幡蓋，燒香散華，伎樂供養，入東城門，遍諸里巷，使國人民皆得供養；然後出西城門，詣高顯處而闍維之。」時，諸末羅作此論已，各自還家，供辦香華及衆伎樂，詣雙樹間，供養舍利。竟一日已，以佛舍利置於床上，諸末羅等衆來舉床，皆不能勝。

時，阿那律語諸末羅：「汝等且止，勿空疲勞，今者諸天欲來舉床。」

諸末羅曰：「天以何意，欲舉此床？」

阿那律曰：「汝等欲以香花伎樂供養舍利，竟一日已，以佛舍利置於床上，使末羅童子舉床四角，擎持幡蓋，燒香散花，伎樂供養，入東城門，遍諸里巷，使國人民皆得供養；然後出西城門，詣高顯處而闍維之。而諸天意欲留舍利七日之中，香花伎樂，禮敬供養；然後以佛舍利置於床上，使末羅童子舉床四角，擎持幡蓋，散花燒香，作衆伎樂，供養舍利，入東城門，遍諸里巷，使國人民皆得供養；然後出城北門，渡熙連禪河，到天冠寺而闍維之。是上天意，使床不動。」

末羅曰：「諾！快哉斯言！隨諸天意。」

時，諸末羅自相謂言：「我等宜先入城，街里街里，平治道路，掃灑燒香，還來至此，於七日中供養舍利。」時，諸末羅即共入城，街里街里，平治道路，掃灑燒香，訖已出城，於雙樹間，以香花伎樂供養舍利。

訖七日已，時日向暮，舉佛舍利置於床上，末羅童子奉舉四角，擎持幡蓋，燒香散花，作衆伎樂，前後導從，安詳而行。

時，忉利諸天以文陀羅花、優鉢羅花、波頭摩花、拘物頭花、分陀利花、天末栴檀散舍利上，充滿街路。諸天作樂，鬼神歌詠。時，諸末羅自相謂言：「且置人樂，請設天樂供養舍利。」

於是，末羅奉床漸進，入東城門，止諸街巷，燒香散花，伎樂供養。時，有路夷末羅女篤信佛道，手擎金花，大如車輪，供養舍利。時，有一老母舉聲讚曰：「此諸末羅爲得大利，如來末後於此滅度，舉國士民快得供養。」

時，諸末羅設供養已，出城北門，渡熙連禪河，到天冠寺，置床於地，告阿難曰：「我等當復以何供養？」

阿難報曰：「我親從佛聞，親受佛教，欲葬舍利者，當如轉輪聖王葬法。」

又問阿難：「轉輪聖王葬法云何？」

答曰：「聖王葬法：先以香湯洗浴其身，以新劫貝周遍纏身，五百張疊次如纏之。內身金棺，灌以麻油畢，舉金棺置於第二大鐵槨中，栴檀香槨次重於外。積眾名香，厚衣其上而闍維之。收拾舍利，於四衢道起立塔廟，表剎懸繒，使國行人皆見王塔，思慕正化，多所饒益。『阿難！汝欲葬我，先以香湯洗浴，用新劫貝周匝纏身，以五百張疊次如纏之。內身金棺，灌以麻油畢，舉金棺置於第二大鐵槨中，栴檀香槨次重於外。積眾名香，厚衣其上而闍維之。收撿舍利，於四衢道起立塔廟，表剎懸繒，使諸行人皆見佛塔，思慕如來法王道化，生獲福利，死得上天，除得道者。』」

時，諸末羅各相謂言：「我等還城，供辦葬具、香花、劫貝、棺槨、香油及與白疊。」時，諸末羅即共入城，供辦葬具已，還到天冠寺，以淨香湯洗浴佛身，以新劫貝周匝纏身，五百張疊次如纏之。內身金棺，灌以香油，奉舉金棺置於第二大鐵槨中，栴檀木槨重衣其外，以眾名香而積其上。

時，有末羅大臣名曰路夷，執大炬火，欲燃佛積，而火不燃。又有大末羅次前燃其積，火又不燃。時，阿那律語諸末羅言：「止！止！諸賢！非汝所能。火滅不燃，是諸天意。」

末羅又問：「諸天何故使火不燃？」

阿那律言：「天以大迦葉將五百弟子從波婆國來，今在半道，及未闍維，欲見佛身，天知其意，故火不燃。」

末羅又言：「願遂此意。」

爾時，大迦葉將五百弟子從波婆國來，在道而行，遇一尼乾子手執文陀羅花。時，大迦葉遙見尼乾子，就往問言：「汝從何來？」

報言：「吾從拘尸城來。」

迦葉又言：「汝知我師乎？」

答曰：「知。」

又問：「我師存耶？」

答曰：「滅度已來，已經七日，吾從彼來，得此天華。」迦葉聞之，悵然不悅。時，五百比丘聞佛滅度，皆大悲泣，宛轉號咷，不能自勝，抆淚而言：「如來滅度，何其駛哉！世尊滅度，何其疾哉！大法淪翳，何其速哉！羣生長衰，世間眼滅。譬如大樹根拔，枝條摧折。又如斬蛇，宛轉迴遑，莫知所奉。」

時，彼衆中有釋種子，字拔難陀，止諸比丘言：「汝等勿憂，世尊滅度，我得自在。彼者常言：『當應行是，不應行是。』自今已後，隨我所爲。」

迦葉聞已，悵然不悅，告諸比丘曰：「速嚴衣鉢，時詣雙樹，及未闍維，可得見佛。」

時，諸比丘聞大迦葉語已，即從座起，侍從迦葉，詣拘尸城，渡尼連禪河水，到天冠寺，至阿難所。問訊已，一面住，語阿難言：「我等欲一面覲舍利，及未闍維，寧可見不？」

阿難答言：「雖未闍維，難復可見。所以然者，佛身既洗以香湯，纏以劫貝，五百張疊次如纏之。藏於金棺，置鐵槨中，栴檀香槨重衣其外，以爲佛身難復可覩。」

迦葉請至三，阿難答如初，以爲佛身難復得見。時，大迦葉適向香積，於時佛身從重槨內雙出兩足，足有異色。迦葉見已，怪問阿難：「佛身金色，是何故異？」

阿難報曰：「向者，有一老母悲哀而前手撫佛足，淚墮其上，故色異耳。」

迦葉聞已，又不大悅，即向香積，禮佛舍利。時，四部衆及上諸天同時俱禮，於是佛足忽然不現。時，大迦葉繞積三匝，而作頌曰：

諸佛無等等，聖智不可稱；無等之聖智，我今稽首禮。
無等等沙門，最上無瑕穢；牟尼絕愛枝，大仙天人尊；
人中第一雄，我今稽首禮。苦行無等侶，離著而教人；
無染無垢塵，稽首無上尊。三垢垢已盡，樂於空寂行；
無二無疇匹，稽首十力尊。遠逝爲最上，二足尊中尊；

覺四諦止息，稽首安隱智。沙門中無上，迴邪令入正；
世尊施寂滅，稽首湛然迹。無熱無瑕隙，其心當寂定；
練除諸塵穢，稽首無垢尊。慧眼無限量，甘露威名稱；
希有難思議，稽首無等倫。吼聲如師子，在林無所畏；
降魔越四姓，是故稽首禮。

大迦葉有大威德，四辯具足，說此偈已，時彼佛積不燒自燃。諸末羅等各相謂言：「今火猛熾，焰盛難止，闍維舍利，或能消盡，當於何所求水滅之？」

時，佛積側有娑羅樹神，篤信佛道，尋以神力滅佛積火。

時，諸末羅復相謂言：「此拘尸城左右十二由旬，所有香花，盡當採取，供佛舍利。」尋詣城側，取諸香花，以用供養。

時，波婆國末羅民衆，聞佛於雙樹滅度，皆自念言：今我宜往，求舍利分，自於本土，起塔供養。時，波婆國諸末羅即下國中，嚴四種兵：象兵、馬兵、車兵、步兵，到拘尸城，遣使者言：「聞佛衆祐，止此滅度，彼亦我師，敬慕之心，來請骨分，當於本國起塔供養。」

拘尸王答曰：「如是，如是，誠如所言，但爲世尊垂降此土，於茲滅度，國內士民，當自供養。遠勞諸君，舍利分不可得。」

時，遮羅頗國諸跋離民衆，及羅摩伽國拘利民衆、毗留提國婆羅門衆、迦維羅衛國釋種民衆、毗舍離國離車民衆，及摩竭王阿闍世，聞如來於拘尸城雙樹間而取滅度，皆自念言：今我宜往，求舍利分。

時，諸國王阿闍世等，即下國中，嚴四種兵：象兵、馬兵、車兵、步兵，進渡恆水，即敕婆羅門香姓：「汝持我名，入拘尸城，致問諸末羅等：『起居輕利，遊步强耶？吾於諸賢，每相宗敬，鄰境義和，曾無諍訟。我聞如來於君國內而取滅度，唯無上尊，實我所天，故從遠來，求請骨分，欲還本土，起塔供養。設與我者，舉國重寶，與君共之。』」

時，香姓婆羅門受王教已，即詣彼城，語諸末羅曰：「摩竭大王致問無量：『起居輕利，遊步强耶？吾於諸君，每相宗敬，鄰境義和，曾無諍訟。我聞如來於君國內而取滅度，唯無上尊，實我所天，故從遠來，求請骨分，欲還本土，起塔供養。設與我者，舉國重寶，與君共之。』」

時，諸末羅報香姓曰：「如是！如是！誠如君言，但爲世尊垂降此土，於茲滅度，國內士民自當供養。遠勞諸君，舍利分不可得。」

時諸國王即集羣臣，衆共立議，作頌告曰：

吾等和議，遠來拜首，遜言求分，如不見與，
四兵在此，不惜身命，義而弗獲，當以力取。

時，拘尸國即集羣臣，衆共立議，以偈答曰：

遠勞諸君，屈辱拜首，如來遺形，不敢相許，
彼欲舉兵，吾斯亦有，畢命相抵，未之有畏。

時，香姓婆羅門曉衆人曰：「諸賢！長夜受佛教誡，口誦法言，心服仁化，一切衆生常念欲安，寧可諍佛舍利共相殘害？如來遺形欲以廣益，

舍利現在但當分取。」

眾咸稱善，尋復議言：「誰堪分者？」皆言香姓婆羅門仁智平均，可使分也。

時，諸國王即命香姓：「汝爲我等分佛舍利，均作八分。」於時，香姓聞諸王語已，即詣舍利所，頭面禮畢，徐前取佛上牙，別置一面。尋遣使者，賫佛上牙，詣阿闍世王所，語使者言：「汝以我聲，上白大王：『起居輕利，遊步强耶？舍利未至，傾遲無量耶？今付使者如來上牙，並可供養，以慰企望，明星出時，分舍利訖，當自奉送。』」

時，彼使者受香姓語已，即詣阿闍世王所，白言：「香姓婆羅門致問無量：『起居輕利，遊步强耶？舍利未至，傾遲無量耶？今付使者如來上牙，並可供養，以慰企望，明星出時，分舍利訖，當自奉送。』」

時，彼使者受香姓語已，即詣阿闍世王所，白言：「香姓婆羅門致問無事：『起居輕利，遊步强耶？舍利未至，傾遲無量耶？今付使者如來上牙，並可供養，以慰企望，明星出時，分舍利訖，當自奉送。』」

爾時，香姓以一瓶受一石許，即分舍利，均為八分已，告眾人言：「願以此瓶，眾議見與，自欲於舍起塔供養。」

皆言：「智哉！是為知時。」即共聽與。

時，有畢鉢村人白眾人言：「乞地燋炭，起塔供養。」皆言與之。

時，拘尸國人得舍利分，即於其土起塔供養。波婆國人、遮羅國、羅摩伽國、毗留提國、迦維羅衛國、毗舍離國、摩竭國阿闍世王等，得舍利分已，各歸其國，起塔供養。香姓婆羅門持舍利瓶歸起塔廟，畢鉢村人持地燋炭歸起塔廟。當於爾時，如來舍利起於八塔，第九瓶塔，第十炭塔，第十一生時髮塔。何等時佛生？何等時出家？何等時成道？何等時滅度？沸星出時生，沸星出出家，沸星出成道，沸星出滅度。

何等生二足尊？何等出叢林苦？何等得最上道？何等入涅槃城？

沸星生二足尊，沸星出叢林苦，沸星得最上道，沸星入涅槃城。

八日如來生，八日佛出家，八日成菩提，八日取滅度。

八日生二足尊，八日出叢林苦，八日成最上道，八日入泥洹城。
二月如來生，二月佛出家，二月成菩提，二月取涅槃。
二月生二足尊，二月出叢林苦，二月得最上道，二月入涅槃城。
娑羅花熾盛，種種光相照；於其本生處，如來取滅度。
大慈般涅槃，多人稱讚禮；盡度諸恐畏，決定取滅度。

《長阿含・第二經》

闍尼沙經

如是我聞：

一時，佛遊那提揵稚住處，與大比丘衆千二百五十人俱。

爾時，尊者阿難在靜室坐，默自思念：甚奇！甚特！如來授人記別，多所饒益。彼伽伽羅大臣命終，如來記之：此人命終，斷五下結，即於天上而取滅度，不來此世。第二迦陵伽，三毗伽陀，四伽利輸，五遮樓，六婆耶樓，七婆頭樓，八藪婆頭，九他梨舍㝹，十藪達梨舍㝹，十一耶輸，十二耶輸多樓，諸大臣等命終，佛亦記之：斷五下結，即於天上而取滅度，不來生此。復有餘五十人命終，佛亦記之：斷三結，淫、怒、癡薄，得斯陀含，一來此世便盡苦際。復有五百人命終，佛亦記之：三結盡，得須陀洹，不墮惡趣，極七往返必盡苦際。有佛弟子處處命終，佛皆記之：某生某處、某生某處。鴦伽國、摩竭國、迦尸國、居薩羅國、拔祇國、末羅國、支提國、拔沙國、居樓國、般闍羅國、頗漯波國，阿般提國、婆蹉國、蘇羅娑國、乾陀羅國、劍洴沙國，彼十六大國有命終者，佛悉記之。摩竭國人皆是王種王所親任，有命終者，佛不記之。

爾時，阿難於靜室起，至世尊所，頭面禮足，在一面坐，而白佛言：「我向於靜室默自思念：甚奇！甚特！佛授人記，多所饒益，十六大國有命終者，佛悉記之，唯摩竭國人，王所親任，有命終者，獨不蒙記。唯願世尊當爲記之！唯願世尊當爲記之，饒益一切，天人得安！又佛於摩竭國得道，其國人命終，獨不與記。唯願世尊當爲記之！唯願世尊當爲記之！又摩竭國缾沙王爲優婆塞，篤信於佛，多設供養，然後命終，由此王故，多人信解，供養三寶，而今如來不爲授記。唯願世尊當與記之，饒益衆生，使天人得安！」爾時，阿難爲摩竭國人勸請世尊，即從座起，禮佛而去。

爾時，世尊著衣持鉢，入那伽城乞食已，至大林處坐一樹下，思惟摩竭國人命終生處。時，去佛不遠，有一鬼神，自稱己名，白世尊曰：「我是闍尼沙！我是闍尼沙！」

佛言：「汝因何事，自稱己名爲闍尼沙？汝因何法，自以妙言稱見道迹？」

闍尼沙言：「非餘處也。我本為人王，於如來法中為優婆塞，一心念佛而取命終，故得生為毗沙門天王太子。自從是來，常照明諸法，得須陀洹，不墮惡道，於七生中常名闍尼沙。」

時，世尊於大林處隨宜住已，詣那陀揵稚處，就座而坐，告一比丘：「汝持我聲，喚阿難來。」

對曰：「唯然。」即承佛教，往喚阿難。

阿難尋來，至世尊所，頭面禮足，在一面住，而白佛言：「今觀如來顏色勝常，諸根寂定。住何思惟，容色乃爾？」

爾時，世尊告阿難曰：「汝向因摩竭國人來至我所，請記而去。我尋於後，著衣持鉢，入那羅城乞食，乞食訖已，詣彼大林，坐一樹下，思惟摩竭國人命終生處。時，去我不遠，有一鬼神，自稱己名，而白我言：『我是闍尼沙！我是闍尼沙！』阿難，汝曾聞彼闍尼沙名不？」

阿難白佛言：「未曾聞也。今聞其名，乃至生怖畏，衣毛為豎。世尊！此鬼神必有大威德，故名闍尼沙耳。」

佛言：「我先問彼：『汝因何法，自以妙言稱見道迹？』闍尼沙言：『我不於餘處，不在餘法。我昔爲人王，爲世尊弟子，以篤信心爲優婆塞，一心念佛，然後命終，爲毗沙門天王作子，得須陀洹，不墮惡趣，極七往返，乃盡苦際。於七生中，常名闍尼沙。一時，世尊在大林中一樹下坐，我時乘天千輻寶車，以少因緣，欲詣毗樓勒天王，遙見世尊在一樹下，顏貌端正，諸根寂定，譬如深淵澄靜清明，見已念言：我今寧可往問世尊：摩竭國人有命終者，當生何所？』又復一時，毗沙門王自於衆中，而說偈言：

我等不自憶，過去所更事；今遭遇世尊，壽命得增益。

「『又復一時，忉利諸天以少因緣，集在一處。時，四天王各當位坐，提帝賴吒在東方坐，其面西向，帝釋在前。毗樓勒天在南方坐，其面北向，帝釋在前。毗樓博叉天王在西方坐，其面東向，帝釋在前。毗沙門天王在北方坐，其面南向，帝釋在前。時，四天王皆先坐已，然後我坐。

復有餘諸大神天，皆先於佛所，淨修梵行，於此命終，生忉利天，增益諸天，受天五福：一者天壽，二者天色，三者天名稱，四者天樂，五者天威德。時，諸忉利天皆踊躍歡喜言：增益諸天衆，減損阿須倫衆。爾時，釋提桓因知忉利諸天有歡喜心，即作頌曰：

忉利諸天人，帝釋相娛樂；禮敬於如來，最上法之法。
諸天受影福，壽色名樂威；於佛修梵行，故來生此間。
復有諸天人，光色甚巍巍；佛智慧弟子，生此復殊勝。
忉利及因提，思惟此自樂；禮敬於如來，最上法之法。

「闍尼沙神復言：『所以忉利諸天集法堂者，共議思惟，觀察稱量，有所教令，然後敕四天王。四王受教已，各當位而坐。其坐未久，有大異光照於四方，時，忉利天見此異光，皆大驚愕：今此異光將有何怪？餘大神天有威德者，皆亦驚怖：今此異光將有何怪？時，大梵王即化作童子，頭五角髻，在天衆上虛空中立，顏貌端正，與衆超絕，身紫金色，蔽諸天光。時，忉利天亦不起迎，亦不恭敬，又不請坐。時，梵童子隨所詣座，座生欣悅，譬如剎利水澆頭種，登王位時，踊躍歡喜。其坐未久，復自變身，作童子像，頭五角髻，在大衆上虛空中坐。譬如力士坐於安座，嶷然不動，而作頌曰：

調伏無上尊，教世生明處，大明演明法，梵行無等侶，
使清淨衆生，生於淨妙天。

「『時，梵童子說此偈已，告忉利天曰：其有音聲，五種清淨，乃名梵聲。何等五？一者其音正直，二者其音和雅，三者其音清徹，四者其音深滿，五者週遍遠聞。具此五者，乃名梵音。我今更說，汝等善聽！如來弟子摩竭優婆塞，命終有得阿那含，有得斯陀含，有得須陀洹者，有生他化自在天者，有生化自在天、兜率天、焰天、忉利天、四天王者，有生剎利、婆羅門、居士大家，五欲自然者。時，梵童子以偈頌曰：

摩竭優婆塞，諸有命終者，八萬四千人，吾聞俱得道。
成就須陀洹，不復墮惡趣，俱乘平正路，得道能救濟。
此等羣生類，功德所扶持，智慧捨恩愛，慚愧離欺妄。
於彼諸天衆，梵童記如是，言得須陀洹，諸天皆歡喜。

「『時，毗沙門王聞此偈已，歡喜而言：世尊出世說真實法，甚奇！甚特！未曾有也。我本不知如來出世，說如是法，於未來世，當復有佛說如是法，能使忉利諸天發歡喜心。

「『時，梵童子告毗沙門王曰：汝何故作此言？如來出世說如是法，爲甚奇！甚特！未曾有也。如來以方便力說善不善，具足說法而無所得，說空淨法而有所得，此法微妙，猶如醍醐。

「『時，梵童子又告忉利天曰：汝等諦聽！善思念之，當更爲汝說。如來、至真善能分別說四念處。何謂爲四？一者內身身觀，精勤不懈，專念不忘，除世貪憂。外身身觀，精勤不懈，專念不忘，除世貪憂。內外身觀，精勤不懈，專念不忘，除世貪憂。受、意、法觀亦復如是，精勤不懈，專念不忘，除世貪憂。內身觀已，生他身智。內觀受已，生他受智。內觀意已，生他意智。內觀法已，生他法智。是爲如來善能分別說四念處。復次，諸天！汝等善聽！吾當更說，如來善能分別說七定具，何等爲七？正見、正志、正語、正業、正命、正方便、正念，是爲如來善能分別說七定具。復次，諸天！如來善能分別說四神足，何等謂四？一者欲定滅行成就修習神足，二者精進定滅行成就修習神足，三者意定滅行成就修習神足，四者思惟定滅行成就修習神足，是爲如來善能分別說四神足。

「『又告諸天：過去諸沙門、婆羅門以無數方便，現無量神足，皆由四神足起；正使當來沙門、婆羅門無數方便，現無量神足，亦皆由是四神足起；如今現在沙門、婆羅門無數方便，現無量神足者，亦皆由是四神足起。時，梵童子即自變化形爲三十三身，與三十三天一一同坐，而告之曰：汝今見我神變力不？答曰：唯然已見。梵童子曰：我亦修四神足故，能如是無數變化。

「『時，三十三天各作是念：今梵童子獨於我坐而說是語，而彼梵童一化身語，餘化亦語；一化身默，餘化亦默。時，彼梵童還攝神足，處帝釋坐，告忉利天曰：我今當說，汝等善聽！如來、至真自以己力開三徑路，自致正覺。何謂爲三？或有衆生親近貪欲，習不善行，彼人於後近善知識，得聞法言，法法成就，於是離欲捨不善行，得歡喜心，恬然快樂，又於樂中，復生大喜。如人捨於麁食，食百味飯，食已充足，復求勝者。行者如是，離不善法，得歡喜樂，又於樂中，復生大喜，是爲如來自以己力開初徑路，成最正覺。又有衆生多於瞋恚，不捨身、口、意惡業，其人於後遇善知識，得聞法言，法法成就，離身惡行、口、意惡行，生歡喜心，恬然快樂，又於樂中，復生大喜，如人捨於麁食，食百味飯，食已充足，復求勝者。行者如是，離不善法，得歡喜樂，又於樂中，復生大喜，是爲如來開第二徑路。又有衆生愚冥無智，不識善惡，不能如實知苦、集、盡、道，其人於後遇善知識，得聞法言，法法成就，識善不善，能如實知苦、集、盡、道，捨不善行，生歡喜心，恬然快樂，又於樂中，復生大喜。如人捨於麄食，食百味飯，食已充足，復求勝者。行者如是，離不善法，得歡喜樂，又於樂中，復生大喜，是爲如來開第三徑路。』」

時，梵童子於忉利天上說此正法，毗沙門天王復爲眷屬說此正法，闍尼沙神復於佛前說是正法，世尊復爲阿難說此正法，阿難復爲比丘、比丘尼、優婆塞、優婆夷說是正法。

是時，阿難聞佛所說，歡喜奉行！

《長阿含·第四經》

轉輪聖王修行經

如是我聞：

一時，佛在摩羅醯搜人間遊行，與千二百五十比丘漸至摩樓國。

爾時，世尊告諸比丘：「汝等當自熾燃，熾燃於法，勿他熾燃；當自歸依，歸依於法，勿他歸依。云何比丘當自熾燃，熾燃於法，勿他熾燃？當自歸依，歸依於法，勿他歸依？於是，比丘內身身觀，精勤無懈，憶念不忘，除世貪憂。外身身觀、內外身身觀，精勤無懈，憶念不忘，除世貪憂。受、意、法觀，亦復如是，是爲比丘自熾燃，熾燃於法，不他熾燃；自歸依，歸依於法，不他歸依。

「如是行者，魔不能嬈，功德日增。所以者何？乃往過去久遠世時，有王名堅固念，剎利水澆頭種，爲轉輪聖王，領四天下。時，王自在以法治化，人中殊特，七寶具足：一者金輪寶、二者白象寶、三者紺馬寶、四者神珠寶、五者玉女寶、六者居士寶、七者主兵寶。千子具足，勇健雄猛。能伏怨敵，不用兵仗，自然太平。堅固念王久治世已，時金輪寶即於虛空忽離本處，時典輪者速往白王：『大王！當知今者輪寶離於本處。』

時，堅固念王聞已念言：我曾於先宿耆舊所聞，若轉輪聖王輪寶移者，王壽未幾。我今已受人中福樂，宜更方便受天福樂，當立太子領四天下，別封一邑與下髮師，命下鬚髮，服三法衣，出家修道。

「時，堅固念王即命太子而告之曰：『卿為知不？吾曾從先宿耆舊所聞：若轉輪聖王金輪離本處者，王壽未幾。吾今已受人中福樂，當更方便遷受天福。今欲剃除鬚髮，服三法衣，出家為道，以四天下委付於汝，宜自勉力，存恤民物。』是時，太子受王教已，時堅固念王即剃除鬚髮，服三法衣，出家修道。

「時，王出家過七日已，彼金輪寶忽然不現，其典輪者往白王言：『大王！當知今者輪寶忽然不現。』時王不悅，即往詣堅固念王所，到已白王：『父王！當知今者輪寶忽然不現。』時，堅固念王報其子曰：『汝勿懷憂以為不悅，此金輪寶者非汝父產，汝但勤行聖王正法。行正法已，於十五日月滿時，沐浴香湯，婇女圍遶，昇正法殿上，金輪神寶自然當現，輪有千輻，光色具足，天匠所造，非世所有。』

「子白父王：『轉輪聖王正法云何？當云何行？』王告子曰：『當依於法，立法具法，恭敬尊重，觀察於法，以法為首，守護正法。又當以法誨諸婇女，又當以法護視教誡諸王子、大臣、羣寮、百官及諸人民、沙門、婆羅門，下至禽獸，皆當護視。』

「又告子曰：『又汝土境所有沙門、婆羅門履行清真，功德具足，精進不懈，去離憍慢，忍辱仁愛，閑獨自修，獨自止息，獨到涅槃。自除貪欲，化彼除貪；自除瞋恚，化彼除瞋；自除愚癡，化彼除癡。於染不染，於惡不惡，於愚不愚，可著不著，可住不住，可居不居。身行質直，口言質直，意念質直；身行清淨，口言清淨，意念清淨，正命清淨，仁慧無厭，衣食知足，持鉢乞食，以福衆生。有如是人者，汝當數詣，隨時諮問，凡所修行，何善何惡？云何為犯？云何非犯？何者可親？何者不可親？何者可作？何者不可作？施行何法，長夜受樂？汝諮問已，以意觀察，宜行則行，宜捨則捨，國有孤老，當拯給之；貧窮困劣，有來求者，慎勿違逆。國有舊法，汝勿改易，此是轉輪聖王所修行法，汝當奉行。』」

佛告諸比丘：「時，轉輪聖王受父教已，如說修行。後於十五日月滿時，沐浴香湯，昇高殿上，婇女圍遶，自然輪寶忽現在前。輪有千輻，光色具足，天匠所造，非世所有，真金所成，輪徑丈四。時，轉輪王默自念言：我曾從先宿耆舊所聞，若刹利王水澆頭種，以十五日月滿時，沐浴香湯，昇寶殿上，婇女圍遶，自然金輪忽現在前。輪有千輻，光色具足，天匠所造，非世所有，真金所成，輪徑丈四，是則名爲轉輪聖王。今此輪現，將無是耶？今我寧可試此輪寶。

「時，轉輪王即召四兵，向金輪寶偏露右臂，右膝著地，復以右手摩捫金輪，語言：『汝向東方，如法而轉，勿違常則。』輪即東轉。時，王即將四兵隨從其後，金輪寶前有四神導，輪所住處，王即止駕。爾時，東方諸小國王見大王至，以金鉢盛銀粟，銀鉢盛金粟，來趣王所，拜首白言：『善來，大王！今此東方土地豐樂，人民熾盛，志性仁和，慈孝忠順，唯願聖王於此治正！我等當給使左右，承受所當。』時，轉輪大王語小王言：『止！止！諸賢！汝等則爲供養我已，但當以正法治，勿使偏枉，無令國內有非法行，此即名曰我之所治。』

「時，諸小王聞此教已，即從大王巡行諸國，至東海表；次行南方、西方、北方，隨輪所至，其諸國王各獻國土，亦如東方諸小國比。時，轉輪王既隨金輪，周行四海，以道開化，安慰民庶，已還本國。時，金輪寶在宮門上虛空中住，時，轉輪王踊躍而言：『此金輪寶真爲我瑞，我今真爲轉輪聖王。』是爲金輪寶成就。

「其王久治世已，時金輪寶即於虛空忽離本處，其典輪者速往白王：『大王！當知今者輪寶離於本處。』時，王聞已即自念言：我曾於先宿耆舊所聞，若轉輪聖王輪寶移者，王壽未幾。我今已受人中福樂，宜更方便受天福樂，當立太子領四天下，別封一邑與下髮師，令下鬚髮，服三法衣，出家修道。

「時，王即命太子而告之曰：『卿爲知不？吾曾從先宿耆舊所聞：若轉輪聖王金輪寶離本處者，王壽未幾。吾今已受人中福樂，當設方便遷受天樂。今欲剃除鬚髮，服三法衣，出家修道，以四天下委付於汝，宜自勉力，存恤民物。』爾時，太子受王教已，王即剃除鬚髮，服三法衣，出家修道。時，王出家過七日已，其金輪寶忽然不現，典金輪者往白王言：『大王！當知今者輪寶忽然不現。』時王聞已，不以爲憂，亦復不往問父王意。時，彼父王忽然命終。

「自此以前，六轉輪王皆展轉相承，以正法治；唯此一王自用治國，不承舊法，其政不平，天下怨訴，國土損減，人民凋落。時，有一婆羅門大臣往白王言：『大王！當知今者國土損減，人民凋落，轉不如常。王今國內多有知識，聰慧博達，明於古今，備知先王治政之法，何不命集問其所知？彼自當答。』時，王即召羣臣，問其先王治政之道。時，諸智臣具以事答，王聞其言，即行舊政，以法護世，而猶不能拯濟孤老，施及下窮。

「時，國人民轉至貧困，遂相侵奪，盜賊滋甚，伺察所得，將詣王所白言：『此人爲賊，願王治之！』王即問言：『汝實爲賊耶？』答曰：『實爾，我貧窮飢餓，不能自存，故爲賊耳！』時，王即出庫物以供給之，而告之曰：『汝以此物供養父母，並恤親族，自今已後，勿復爲賊。』餘人傳聞有作賊者，王給財寶，於是復行劫盜他物，復爲伺察所得，將詣王所白言：『此人爲賊，願王治之！』王復問言：『汝實爲賊耶？』答曰『實爾，我貧窮飢餓，不能自存，故爲賊耳！』時，王復出庫財以供給之，復告之曰：『汝以此物供養父母，並恤親族，自今已後，勿復爲賊。』

「復有人聞有作賊者，王給財寶，於是復行劫盜他物，復爲伺察所得，將詣王所白言：『此人爲賊，願王治之！』王復問言：『汝實爲賊耶？』答曰：『實爾，我貧窮飢餓，不能自存，故爲賊耳！』時王念言：先爲賊者，吾見貧窮，給其財寶，謂當止息，而餘人聞，轉更相效，盜賊日滋，如是無已，我今寧可杻械其人，令於街巷，然後載之出城，刑於曠野，以誡後人耶？

「時，王即敕左右，使收繫之，聲鼓唱令，遍諸街巷。訖已載之出城，刑於曠野。國人盡知彼爲賊者，王所收繫，令於街巷，刑之曠野。

時，人展轉自相謂言：『我等設爲賊者，亦當如是，與彼無異。』於是，國人爲自防護，遂造兵仗、刀劍、弓矢，迭相殘害，攻劫掠奪。自此王來始有貧窮，有貧窮已始有劫盜，有劫盜已始有兵仗，有兵仗已始有殺害，有殺害已則顏色憔悴，壽命短促。時，人正壽四萬歲，其後轉少，壽二萬歲，然其衆生有壽、有夭、有苦、有樂。彼有苦者，便生邪淫、貪取之心，多設方便，圖謀他物。是時，衆生貧窮劫盜，兵仗殺害，轉更滋甚，人命轉減，壽一萬歲。

「一萬歲時，衆生復相劫盜，爲伺察所得，將詣王所白言：『此人爲賊，願王治之！』王問言：『汝實作賊耶？』答曰：『我不作。』便於衆中故作妄語。時，彼衆生以貧窮故便行劫盜，以劫盜故便有刀兵，以刀兵故便有殺害，以殺害故便有貪取、邪淫，以貪取、邪淫故便有妄語，有妄語故其壽轉減，至于千歲。千歲之時，便有口三惡行始出於世：一者兩舌，二者惡口，三者綺語。此三惡業展轉熾盛，人壽稍減至五百歲。五百歲時，衆生復有三惡行起：一者非法淫，二者非法貪，三者邪見。此三惡業展轉熾盛，人壽稍減，三百、二百，我今時人，乃至百歲，少出多減。

「如是展轉，爲惡不已，其壽稍減，當至十歲。十歲時人，女生五月便行嫁，是時，世間酥油、石蜜、黑石蜜，諸甘美味不復聞名，粳糧、禾稻變成草莠。繒、絹、錦、綾、劫貝、白氎，今世名服，時悉不現，織麁毛縷以爲上衣。是時，此地多生荊棘，蚊、虻、蠅、虱、蛇、蚖、蜂、蛆，毒蟲衆多。金、銀、琉璃、珠璣、名寶，盡沒於地，唯有瓦石砂礫出於地上。

「當於爾時，衆生之類永不復聞十善之名，但有十惡充滿世間。是時，乃無善法之名，其人何由得修善行？是時，衆生能爲極惡，不孝父母，不敬師長，不忠不義，返逆無道者便得尊敬。如今能修善行，孝養父母，敬順師長，忠信懷義，順道修行者便得尊敬。爾時，衆生多修十惡，多墮惡道，衆生相見，常欲相殺，猶如獵師見於羣鹿。時，此土地多有溝坑、溪澗深谷，土曠人希，行來恐懼。爾時，當有刀兵劫起，手執草木，皆成戈鉾，於七日中，展轉相害。

「時，有智者遠逃叢林，依倚坑坎，於七日中懷怖畏心，發慈善言：『汝不害我，我不害汝，食草木子以存性命。』過七日已，從山林出。時有存者，得共相見，歡喜慶賀言：『汝不死耶？汝不死耶？』猶如父母唯有一子，久別相見，歡喜無量。彼人如是各懷歡喜，迭相慶賀，然後推問其家，其家親屬死亡者衆，復於七日中悲泣號咷，啼哭相向。過七日已，復於七日中共相慶賀，娛樂歡喜，尋自念言：吾等積惡彌廣，故遭此難，親族死亡，家屬覆没，今者宜當少共修善。宜修何善？當不殺生。

「爾時，衆生盡懷慈心，不相殘害，於是衆生色壽轉增，其十歲者壽二十歲。二十時人復作是念：我等由少修善行，不相殘害故，壽命延長至二十歲，今者寧可更增少善。當修何善？已不殺生，當不竊盜。已修不盜，則壽命延長至四十歲。四十時人復作是念：我等由少修善，壽命延長，今者寧可更增少善。何善可修？當不邪淫。於是，其人盡不邪淫，壽命延長至八十歲。

「八十歲人復作是念：我等由少修善，壽命延長，今者寧可更增少善。何善可修？當不妄語。於是，其人盡不妄語，壽命延長至百六十。百六十時人復作是念：我等由少修善，壽命延長，我今寧可更增少善。何善可修？當不兩舌。於是，其人盡不兩舌，壽命延長至三百二十歲。三百二十歲時人復作是念：我等由少修善故，壽命延長，今者寧可更增少善。何善可修？當不惡口。於是，其人盡不惡口，壽命延長至六百四十。

「六百四十時人復作是念：我等由修善故，壽命延長，今者寧可更增少善。何善可修？當不綺語。於是，其人盡不綺語，壽命延長至二千歲。二千歲時人復作是念：我等由修善，故壽命延長，今者寧可更增少善。何善可修？當不慳貪。於是，其人盡不慳貪而行布施，壽命延長至五千歲。五千歲時人復作是念：我等由修善故，壽命延長，今者寧可更增少善。何善可修？當不嫉妒，慈心修善。於是，其人盡不嫉妒，慈心修善，壽命延長至於萬歲。

「萬歲時人復作是念：我等由修善故，壽命延長，今者寧可更增少善。何善可修？當行正見，不生顛倒。於是，其人盡行正見，不起顛倒，壽命延長至二萬歲。二萬歲時人復作是念：我等由修善故，壽命延長，今者寧可更增少善。何善可修？當滅三不善法：一者非法淫，二者非法貪，三者邪見。於是，其人盡滅三不善法，壽命延長至四萬歲。四萬歲時人復作是念：我等由修善故，壽命延長，今者寧可更增少善。何善可修？當孝養父母，敬事師長。於是，其人即孝養父母，敬事師長，壽命延長至八萬歲。

「八萬歲時人，女年五百歲始出行嫁。時，人當有九種病：一者寒，二者熱，三者飢，四者渴，五者大便，六者小便，七者欲，八者饕餮，九者老。時，此大地坦然平整，無有溝坑、丘墟、荊棘，亦無蚊、虻、蛇、蚖、毒蟲，瓦石、砂礫變成琉璃，人民熾盛，五穀平賤，豐樂無極。是時，當起八萬大城，村城鄰比，雞鳴相聞。當於爾時，有佛出世，名爲彌勒如來、至真、等正覺，十號具足，如今如來十號具足。彼於諸天、釋、梵、魔、若魔、天、諸沙門、婆羅門、諸天、世人中，自身作證，亦如我今於諸天、釋、梵、魔、若魔、天、沙門、婆羅門、諸天、世人中，自身作證。彼當說法，初言亦善，中下亦善，義味具足，淨修梵行。如我今日說法，上中下言，皆悉真正，義味具足，梵行清淨。彼眾弟子有無數千萬，如我今日弟子數百。彼時，人民稱其弟子號曰慈子，如我弟子號曰釋子。

「彼時，有王名曰儴伽，剎利水澆頭種轉輪聖王，典四天下，以正法治，莫不靡伏，七寶具足：一金輪寶、二白象寶、三紺馬寶、四神珠寶、五玉女寶、六居士寶、七主兵寶。王有千子，勇猛雄烈，能卻外敵。四方敬順，不加兵仗，自然太平。爾時，聖王建大寶幢，圍十六尋，上高千尋，千種雜色嚴飾其幢。幢有百觚，觚有百枝，寶縷織成，眾寶間廁。於是，聖王壞此幢已，以施沙門、婆羅門、國中貧者，然後剃除鬚髮，服三法衣，出家修道，修無上行，於現法中自身作證：生死已盡，梵行已立，所作已辦，不受後有。」

佛告諸比丘：「汝等當勤修善行，以修善行，則壽命延長，顏色增益，安隱快樂，財寶豐饒，威力具足。猶如諸王順行轉輪聖王舊法，則壽命延長，顏色增益，安隱快樂，財寶豐饒，威力具足。比丘亦如是，當修善法，壽命延長，顏色增益，安隱快樂，財寶豐饒，威力具足。

「云何比丘壽命延長？如是比丘修習欲定，精勤不懈，滅行成就，以修神足；修精進定、意定、思惟定，精勤不懈，滅行成就，以修神足，是爲壽命延長。何謂比丘顏色增益？於是比丘戒律具足，成就威儀，見有小罪，生大怖畏。等學諸戒，周滿備悉，是爲比丘顏色增益。何謂比丘安隱快樂？於是比丘斷除淫欲，去不善法，有覺、有觀，離生喜、樂，行第一禪。除滅覺、觀，內信歡悅，斂心專一，無覺、無觀，定生喜、樂，行第二禪。捨喜守護，專念不亂，自知身樂，賢聖所求，護念、樂，行第三禪。捨滅苦樂，先除憂喜，不苦不樂，護念清淨，行第四禪，是爲比丘安隱快樂。何謂比丘財寶豐饒？於是比丘修習慈心，遍滿一方，餘方亦爾，週遍廣普，無二無量，除衆結恨，心無嫉惡，靜默慈柔，以自娛樂，悲、喜、捨心亦復如是，是爲比丘財寶豐饒。何謂比丘威力具足？於是比丘如實知苦聖諦，集、盡、道諦亦如實知，是爲比丘威力具足。」

佛告比丘：「我今遍觀諸有力者無過魔力，然漏盡比丘力能勝彼。」

爾時，諸比丘聞佛所說，歡喜奉行！

《長阿含·第六經》

散陀那經

如是我聞：

一時，佛在羅閱祇毗訶羅山七葉樹窟，與大比丘衆千二百五十人俱。

時，王舍城有一居士，名散陀那，好行遊觀，日日出城，至世尊所。時，彼居士仰觀日時，默自念言：今往覲佛，非是時也，今者世尊必在靜室三昧思惟，諸比丘衆亦當禪靜，我今寧可往詣烏暫婆利梵志女林中，須日時到，當詣世尊，禮敬問訊，並詣諸比丘所，致敬問訊。

時，梵志女林中有一梵志，名尼俱陀，與五百梵志子俱止彼林。時，諸梵志衆聚一處，高聲大論，俱說遮道濁亂之言，以此終日。或論國事，或論戰鬥兵仗之事，或論國家義和之事，或論大臣及庶民事，或論車馬遊園林事，或論坐席、衣服、飲食、婦女之事，或論山海龜鼈之事，但說如是遮道之論，以此終日。

時，彼梵志遙見散陀那居士來，即敕其衆，令皆靜默：「所以然者，彼沙門瞿曇弟子今從外來，沙門瞿曇白衣弟子中，此爲最上，彼必來此，汝宜靜默。」時，諸梵志各自默然。

散陀那居士至梵志所，問訊已，一面坐，語梵志曰：「我師世尊常樂閑靜，不好憒鬧，不如汝等與諸弟子處在人中，高聲大論，但說遮道無益之言。」

梵志又語居士言：「沙門瞿曇頗曾與人共言論不？衆人何由得知沙門有大智慧？汝師常好獨處邊地，猶如瞎牛食草，偏遂所見。汝師瞿曇亦復如是，偏好獨見，樂無人處。汝師若來，吾等當稱以爲瞎牛，彼常自言有大智慧，我以一言窮彼，能使默然如龜藏六，謂可無患，以一箭射，使無逃處。」

爾時，世尊在閑靜室，以天耳聞梵志居士有如是論，即出七葉樹窟，詣烏暫婆利梵志女林。時，彼梵志遙見佛來，敕諸弟子：「汝等皆默，瞿曇沙門欲來至此，汝等慎勿起迎、恭敬禮拜，亦勿請坐，取一別座，與之令坐。彼既坐已，卿等當問：『沙門瞿曇！汝從本來，以何法教訓於弟子，得安隱定，淨修梵行？』」

爾時，世尊漸至彼園，時彼梵志不覺自起，漸迎世尊，而作是言：

「善來，瞿曇！善來，沙門！久不相見，今以何緣而來至此？可前小坐。」爾時，世尊即就其座，熙怡而笑，默自念言：「此諸愚人不能自專，先立要令，竟不能全。所以然者，是佛神力令彼惡心自然敗壞。」

時，散陀那居士禮世尊足，於一面坐。尼俱陀梵志問訊佛已，亦一面坐，而白佛言：「沙門瞿曇！從本以來，以何法教訓誨弟子，得安隱定，淨修梵行？」

世尊告曰：「且止！梵志，吾法深廣，從本以來，誨諸弟子，得安隱處，淨修梵行，非汝所及。」

又告梵志：「正使汝師及汝弟子所行道法，有淨不淨，我盡能說。」

時，五百梵志弟子各各舉聲，自相謂言：「瞿曇沙門有大威勢，有大神力，他問己義，乃開他義。」

時，尼俱陀梵志白佛言：「善哉！瞿曇！願分別之。」

佛告梵志：「諦聽！諦聽！當爲汝說。」

梵志答言：「願樂欲聞。」

佛告梵志：「汝所行者皆爲卑陋，離服裸形，以手障蔽，不受瓨食，不受盂食，不受兩壁中間食，不受二人中間食，不受兩刀中間食，不受兩盂中間食，不受共食家食，不受懷姙家食，見狗在門則不受其食，不受多蠅家食，不受請食，他言先識則不受其食；不食魚，不食肉，不飲酒，不兩器食；一餐一咽，……至七餐止，受人益食，不過七益；或一日一食，或二日、三日、四日、五日、六日、七日一食；或復食菜，或復食莠，或食飯汁，或食糜米，或食穈稻，或食牛糞，或食鹿糞，或食樹根、枝葉、果實，或食自落果。

「或被衣，或披莎衣，或衣樹皮，或草襜身，或衣鹿皮，或留頭髮，或被毛編，或著塜間衣；或有常舉手者，或不坐床席，或有常蹲者；或有剃髮留髦鬚者；或有臥荊棘者，或有臥果蓏上者，或有裸形臥牛糞上者；或一日三浴，或有一夜三浴，以無數衆苦，苦役此身。云何，尼俱陀！如此行者，可名淨法不？」

梵志答曰：「此法淨，非不淨也。」

佛告梵志：「汝謂爲淨，吾當於汝淨法中說有垢穢。」

梵志曰：「善哉！瞿曇！便可說之，願樂欲聞。」

佛告梵志：「彼苦行者，常自計念：我行如此，當得供養恭敬禮事，是即垢穢。彼苦行者，得供養已，樂著堅固，愛染不捨，不曉遠離，不知出要，是爲垢穢。彼苦行者，遙見人來，盡共坐禪；若無人時，隨意坐臥，是爲垢穢。

「彼苦行者，聞他正義，不肯印可，是爲垢穢。彼苦行者，他有正問，恪而不答，是爲垢穢。彼苦行者，設見有人供養沙門、婆羅門，則訶止之，是爲垢穢。彼苦行者，若見沙門、婆羅門食更生物，就呵責之，是爲垢穢。彼苦行者，有不淨食，不肯施人，若有淨食，貪著自食，不見己過，不知出要，是爲垢穢。彼苦行者，自稱己善，毀讎他人，是爲垢穢。彼苦行者，爲殺、盜、淫、兩舌、惡口、妄言、綺語、貪取、嫉妒、邪見、顛倒，是爲垢穢。

「彼苦行者，懈墮喜忘，不習禪定，無有智慧，猶如禽獸，是爲垢穢。彼苦行者，貴高、憍慢、慢、增上慢，是爲垢穢。彼苦行者，無有信義，亦無反復，不持淨戒，不能精勤受人訓誨，常與惡人以爲伴黨，爲惡不已，是爲垢穢。彼苦行者，多懷瞋恨，好爲巧僞，自怙己見，求人長短，恒懷邪見，與邊見俱，是爲垢穢。云何，尼俱陀！如此行者可言淨不耶？」

答曰：「是不淨，非是淨也。」

佛言：「今當於汝垢穢法中，更說清淨無垢穢法。」

梵志言：「唯願說之。」

佛言：「彼苦行者，不自計念：我行如是，當得供養恭敬禮事，是爲苦行無垢法也。彼苦行者，得供養已，心不貪著，曉了遠離，知出要法，是爲苦行無垢法也。彼苦行者，禪有常法，有人、無人，不以爲異，是爲苦行無垢法也。彼苦行者，聞他正義，歡喜印可，是爲苦行無垢法也。彼苦行者，他有正問，歡喜解說，是爲苦行離垢法也。

「彼苦行者，設見有人供養沙門、婆羅門，代其歡喜而不呵止，是爲苦行離垢法也。彼苦行者，若見沙門、婆羅門食更生之物，不呵責之，是爲苦行離垢法也。彼苦行者，有不淨食，心不悋惜；若有淨食，則不染著，能見己過，知出要法，是爲苦行離垢法也。彼苦行者，不自稱譽，不毀他人，是爲苦行離垢法也。彼苦行者，不殺、盜、淫、兩舌、惡口、妄言、綺語、貪取、嫉妒、邪見，是爲苦行離垢法也。

「彼苦行者，精勤不忘，好習禪行，多修智慧，不愚如獸，是爲苦行離垢法也。彼苦行者，不爲貢高、憍慢、自大，是爲苦行離垢法也。彼苦行者，常懷信義，修反復行，能持淨戒，勤受訓誨，常與善人而爲伴黨，積善不已，是爲苦行離垢法也。彼苦行者，不懷瞋恨，不爲巧僞，不恃己見，不求人短，不懷邪見，亦無邊見，是爲苦行離垢法也。云何，梵志！如是苦行，爲是清淨離垢法耶？」

答曰：「如是，實是清淨離垢法也。」

梵志白佛言：「齊此苦行，名爲第一、堅固行耶？」

佛言：「未也，始是皮耳。」

梵志言：「願說樹節。」

佛告梵志：「汝當善聽！吾今當說。」

梵志言：「唯然，願樂欲聞。」

「梵志，彼苦行者，自不殺生，不教人殺；自不偷盜，不教人盜；自不邪淫，不教人淫；自不妄語，亦不教人爲。彼以慈心遍滿一方，餘方亦爾。慈心廣大，無二無量，無有結恨，遍滿世間。悲、喜、捨心，亦復如是。齊此苦行，名爲樹節。」

梵志白佛言：「願說苦行堅固之義。」

佛告梵志：「諦聽！諦聽！吾當說之。」

梵志曰：「唯然，世尊！願樂欲聞。」

佛言：「彼苦行者，自不殺生，教人不殺；自不偷盜，教人不盜；自不邪淫，教人不淫；自不妄語，教人不妄語。彼以慈心遍滿一方，餘方亦爾。慈心廣大，無二無量，無有結恨，遍滿世間。悲、喜、捨心，亦復如是。彼苦行者，自識往昔無數劫事，一生、二生……至無數生，國土成敗，劫數終始，盡見盡知。又自見知：我曾生彼種姓，如是名字，如是飲食，如是壽命，如是所受苦樂，從彼生此，從此生彼。如是盡憶無數劫事，是爲梵志彼苦行者牢固無壞。」

梵志白佛言：「云何爲第一？」

佛言：「梵志！諦聽！諦聽！吾當說之。」

梵志言：「唯然，世尊！願樂欲聞。」

佛言：「彼苦行者，自不殺生，教人不殺；自不偷盜，教人不盜；自不邪淫，教人不淫；自不妄語，教人不欺。彼以慈心遍滿一方，餘方亦爾。慈心廣大，無二無量，無有結恨，遍滿世間。悲、喜、捨心，亦復如是。彼苦行者，自識往昔無數劫事，一生、二生……至無數生，國土成敗，劫數終始，盡見盡知。又自知見：我曾生彼種姓，如是名字、飲食、壽命，如是所經苦樂，從彼生此，從此生彼。如是盡憶無數劫事，彼天眼淨觀衆生類，死此生彼，顏色好醜、善惡所趣，隨行所墮，盡見盡知。又知衆生身行不善，口行不善，意行不善，誹謗賢聖，信邪倒見，身壞命終，墮三惡道。或有衆生身行善，口、意亦善，不謗賢聖，見正信行，身壞命終，生天、人中。行者天眼清淨，觀見衆生，乃至隨行所墮，無不見知，是爲苦行第一勝也。」

佛告梵志：「於此法中復有勝者，我常以此法化諸聲聞，彼以此法得修梵行。」

時，五百梵志弟子各大舉聲，自相謂言：「今觀世尊爲最尊上，我師不及。」

時，彼散陀那居士語梵志曰：「汝向自言：『瞿曇若來，吾等當稱以爲瞎牛。』世尊今來，汝何不稱？又汝向言：『當以一言窮彼瞿曇，能使默然，如龜藏六，謂可無患，以一箭射，使無逃處。』汝今何不以汝一言窮如來耶？」

佛問梵志：「汝憶先時有是言不？」

答曰：「實有。」

佛告梵志：「汝豈不從先宿梵志聞諸佛、如來獨處山林，樂閑靜處，如我今日樂於閑居，不如汝法，樂於憒鬧，說無益事，以終日耶？」

梵志曰：「聞過去諸佛樂於閑靜，獨處山林，如今世尊，不如我法，樂於憒鬧，說無益事，以終日耶？」

佛告梵志：「汝豈不念：瞿曇沙門能說菩提，自能調伏，能調伏人；自得止息，能止息人；自度彼岸，能使人度；自得解脫，能解脫人；自得滅度，能滅度人？」

時，彼梵志即從座起，頭面作禮，手捫佛足，自稱己名曰：「我是尼俱陀梵志！我是尼俱陀梵志！今者自歸，禮世尊足。」

佛告梵志：「止！止！且住！使汝心解，便爲禮敬。」

時，彼梵志重禮佛足，在一面坐。

佛告梵志：「汝將無謂佛爲利養而說法耶？勿起是心！若有利養，盡以施汝。吾所說法，微妙第一，爲滅不善，增益善法。」

又告梵志：「汝將無謂佛爲名稱，爲尊重故，爲導首故，爲眷屬故，爲大衆故，而說法耶？勿起此心！今汝眷屬盡屬於汝。我所說法，爲滅不善，增長善法。」

又告梵志：「汝將無謂佛以汝置不善聚、黑冥聚中耶？勿生是心！諸不善聚及黑冥聚汝但捨去，吾自爲汝說善淨法。」

又告梵志：「汝將無謂佛黜汝於善法聚、清白聚耶？勿起是心！汝但於善法聚、清白聚中精勤修行，吾自爲汝說善淨法，滅不善行，增益善法。」

爾時，五百梵志弟子皆端心正意，聽佛所說。時，魔波旬作此念言：此五百梵志弟子端心正意，從佛聽法，我今寧可往壞其意。爾時，惡魔即以己力壞亂其意。爾時，世尊告散陀那曰：「此五百梵志子端心正意，從我聽法，天魔波旬壞亂其意。今吾欲還，汝可俱去。」爾時，世尊以右手接散陀那居士置掌中，乘虛而歸。

時，散陀那居士、俱陀梵志及五百梵志子聞佛所說，歡喜奉行！

《長阿含・第八經》

大緣方便經

如是我聞：

一時，佛在拘流沙國劫摩沙住處，與大比丘衆千二百五十人俱。

爾時，阿難在閑靜處，作是念言：甚奇！甚特！世尊所説十二因緣法之光明，甚深難解！如我意觀，猶如目前，以何爲深？於是，阿難即從靜室起，至世尊所，頭面禮足，在一面坐，白世尊言：「我向於靜室，默自思念：甚奇！甚特！世尊所説十二因緣法之光明，甚深難解！如我意觀，如在目前，以何爲深？」

爾時，世尊告阿難曰：「止！止！勿作此言：十二因緣法之光明，甚深難解！阿難！此十二因緣難見難知，諸天、魔、梵、沙門、婆羅門、未見緣者，若欲思量觀察分別其義者，則皆荒迷，無能見者。阿難！我今語汝老死有緣，若有問言：『何等是老死緣？』應答彼言：『生是老死緣。』若復問言：『誰是生緣？』應答彼言：『有是生緣。』若復問言：『誰是有緣？』應答彼言：『取是有緣。』若復問言：『誰是取緣？』應答彼言：『愛是取緣。』若復問言：『誰是愛緣？』應答彼言：『受是愛緣。』若復問言：『誰是受緣？』應答彼言：『觸是受緣。』若復問言：『誰是觸緣？』應答彼言：『六入是觸緣。』若復問言：『誰爲六入緣？』應答彼言：『名色是六入緣。』若復問言：『誰爲名色緣？』應答彼言：『識是名色緣。』若復問言：『誰爲識緣？』應答彼言：『行是識緣。』若復問言：『誰爲行緣？』應答彼言：『癡是行緣。』阿難！如是緣癡有行，緣行有識，緣識有名色，緣名色有六入，緣六入有觸，緣觸有受，緣受有愛，緣愛有取，緣取有有，緣有有生，緣生有老、死、憂、悲、苦惱，大患所集，是爲此大苦陰緣。」

佛告阿難：「緣生有老死，此爲何義？若使一切衆生無有生者，寧有老死不？」

阿難答曰：「無也。」

「是故，阿難！以此緣，知老死由生，緣生有老死。我所說者，義在於此。」

又告阿難：「緣有有生，此爲何義？若使一切衆生無有欲有、色有、無色有者，寧有生不？」

答曰：「無也。」

「阿難！我以此緣，知生由有，緣有有生。我所說者，義在於此。」

又告阿難：「緣取有有，此為何義？若使一切衆生無有欲取、見取、戒取、我取者，寧有有不？」

答曰：「無也。」

「阿難！我以此緣，知有由取，緣取有有。我所說者，義在於此。」

又告阿難：「緣愛有取，此為何義？若使一切衆生無有欲愛、有愛、無有愛者，寧有取不？」

答曰：「無有。」

「阿難！我以此緣，知取由愛，緣愛有取。我所說者，義在於此。」

又告阿難：「緣受有愛，此為何義？若使一切衆生無有樂受、苦受、不苦不樂受者，寧有愛不？」

答曰：「無也。」

「阿難！我以此緣，知愛由受，緣受有愛。我所說者，義在於此。阿難!當知因愛有求，因求有利，因利有用，因用有欲，因欲有著，因著有嫉，因嫉有守，因守有護。阿難!由有護故，有刀杖、諍訟，作無數惡。我所說者，義在於此。阿難!此爲何義?若使一切衆生無有護者，當有刀杖、諍訟，起無數惡不?」

答曰:「無也。」

「是故，阿難!以此因緣，知刀杖、諍訟由護而起，緣護有刀杖、諍訟。阿難!我所說者，義在於此。」

又告阿難:「因守有護，此爲何義?若使一切衆生無有守者，寧有護不?」

答曰:「無也。」

「阿難!我以此緣，知護由守，因守有護。我所說者，義在於此。阿難!因嫉有守，此爲何義?若使一切衆生無有嫉者，寧有守不?」

答曰:「無也。」

「阿難!我以此緣，知守由嫉，因嫉有守。我所說者，義在於此。阿難！因著有嫉，此爲何義？若使一切衆生無有著者，寧有嫉不？」

答曰：「無也。」

「阿難！我以此緣，知嫉由著，因著有嫉。我所說者，義在於此。阿難！因欲有著，此爲何義？若使一切衆生無有欲者，寧有著不？」

答曰：「無也。」

「阿難！我以此緣，知著由欲，因欲有著。我所說者，義在於此。阿難！因用有欲，此爲何義？若使一切衆生無有用者，寧有欲不？」

答曰：「無也。」

「阿難！我以此義，知欲由用，因用有欲。我所說者，義在於此。阿難！因利有用，此爲何義？若使一切衆生無有利者，寧有用不？」

答曰：「無也。」

「阿難！我以此義，知用由利，因利有用。我所說者，義在於此。阿難！因求有利，此爲何義？若使一切衆生無有求者，寧有利不？」

答曰：「無也。」

「阿難！我以此緣，知利由求，因求有利。我所說者，義在於此。阿難！因愛有求，此爲何義？若使一切衆生無有愛者，寧有求不？」

答曰：「無也。」

「阿難！我以此緣，知求由愛，因愛有求。我所說者，義在於此。」

又告阿難：「因愛有求，……至於守護；受亦如是，因受有求，……至於守護。」

佛告阿難：「緣觸有受，此爲何義？阿難！若使無眼、無色、無眼識者，寧有觸不？」

答曰：「無也。」

「若無耳、聲、耳識，鼻、香、鼻識，舌、味、舌識，身、觸、身識，意、法、意識者，寧有觸不？」

答曰：「無也。」

「阿難！若使一切衆生無有觸者，寧有受不？」

答曰：「無也。」

「阿難！我以是義，知受由觸，緣觸有受。我所說者，義在於此。阿難！緣名色有觸，此爲何義？若使一切衆生無有名色者，寧有心觸不？」

答曰：「無也。」

「若使一切衆生無形色相貌者，寧有身觸不？」

答曰：「無也。」

「阿難！若無名色，寧有觸不？」

答曰：「無也。」

「阿難！我以是緣，知觸由名色，緣名色有觸。我所說者，義在於此。阿難！緣識有名色，此爲何義？若識不入母胎者，有名色不？」

答曰：「無也。」

「若識入胎不出者，有名色不？」

答曰：「無也。」

「若識出胎，嬰孩壞敗，名色得增長不？」

答曰：「無也。」

「阿難！若無識者，有名色不？」

答曰：「無也。」

「阿難！我以是緣，知名色由識，緣識有名色。我所說者，義在於此。阿難！緣名色有識，此爲何義？若識不住名色，則識無住處；若識無住處，寧有生、老、病、死、憂、悲、苦惱不？」

答曰：「無也。」

「阿難！若無名色，寧有識不？」

答曰：「無也。」

「阿難！我以此緣，知識由名色，緣名色有識。我所說者，義於在此。阿難！是故名色緣識，識緣名色，名色緣六入，六入緣觸，觸緣受，受緣愛，愛緣取，取緣有，有緣生，生緣老、死、憂、悲、苦惱，大苦陰集。」

「阿難！齊是爲語，齊是爲應，齊是爲限，齊此爲演說，齊是爲智觀，齊是爲衆生。阿難！諸比丘於此法中，如實正觀，無漏心解脫。阿難！此比丘當名爲慧解脫。如是解脫比丘如來終亦知，如來不終亦知，如來終不終亦知，如來非終非不終亦知。何以故？阿難！齊是爲語，齊是爲應，齊是爲限，齊是爲演說，齊是爲智觀，齊是爲衆生；如是盡知已，無漏心解脫比丘不知不見如是知見。阿難！夫計我者，齊幾名我見，名色與受，俱計以爲我。有人言：『受非我，我是受。』或有言：『受非我，我非受，受法是我。』或有言：『受非我，我非受，受法非我，但愛是我。』」

「阿難！彼見我者，言受是我，當語彼言：『如來說三受：樂受、苦受、不苦不樂受。當有樂受時，無有苦受、不苦不樂受。有苦受時，無有樂受、不苦不樂受；有不苦不樂受時，無有苦受、樂受。』所以然者，阿難！樂觸緣生樂受，若樂觸滅受亦滅。阿難！苦觸緣生苦受，若苦觸滅受亦滅。不苦不樂觸緣生不苦不樂受，若不苦不樂觸滅受亦滅。阿難！如兩木相攢則有火生，各置異處則無有火。此亦如是，因樂觸緣故生樂受，若樂觸滅受亦俱滅。因苦觸緣故生苦受，若苦觸滅受亦俱滅。因不苦不樂觸緣生不苦不樂受，若不苦不樂觸滅受亦俱滅。阿難！此三受有爲無常，從因緣生，盡法、滅法，爲朽壞法，彼非我有，我非彼有，當以正智如實觀之。阿難！彼見我者，以受爲我，彼則爲非。」

「阿難！彼見我者，言受非我，我是受者，當語彼言：『如來說三受：苦受、樂受、不苦不樂受。若樂受是我者，樂受滅時，則有二我，此則爲過。若苦受是我者，苦受滅時，則有二我，此則爲過。若不苦不樂受是我者，不苦不樂受滅時，則有二我，此則爲過。』阿難！彼見我者，言：『受非我，我是受。』彼則爲非。阿難！彼計我者，作是說：『受非我，我非受，受法是我。』當語彼言：『一切無受，汝云何言有受法，汝是受法耶？』對曰：『非是。』是故，阿難！彼計我者，言：『受非我，我非受，受法是我。』彼則爲非。」

「阿難！彼計我者，作是言：「受非我，我非受，受法非我，但愛是我。』者，當語彼言：『一切無受，云何有愛？汝是愛耶？』對曰：『非也。』是故，阿難！彼計我者，言：『受非我，我非受，受法非我，愛是我。』者，彼則爲非。阿難！齊是爲語，齊是爲應，齊是爲限，齊是爲演說，齊是為智觀，齊是為衆生。阿難！諸比丘於此法中如實正觀，於無漏心解脫。阿難！此比丘當名為慧解脫，如是解脫心比丘，有我亦知，無我亦知，有我無我亦知，非有我非無我亦知。何以故？阿難！齊是為語，齊是為應，齊是為限，齊是為演說，齊是為智觀，齊是為衆生；如是盡知已，無漏心解脫比丘不知不見如是知見。」

佛語阿難：「彼計我者，齊已為定，彼計我者，或言少色是我，或言多色是我，或言少無色是我，或言多無色是我。阿難！彼言少色是我者，定少色是我，我所見是，餘者為非。多色是我者，定多色是我，我所見是，餘者為非。少無色是我者，定言少無色是我，我所見是，餘者為非。多無色是我者，定多無色是我，我所見是，餘者為非。」

佛告阿難：「七識住，二入處，諸有沙門、婆羅門言：『此處安隱，為救、為護、為舍、為燈、為明、為歸，為不虛妄，為不煩惱。』云何為七？或有衆生，若干種身若干種想，天及人，此是初識住處。諸沙門、婆羅門言：『此處安隱，為救、為護、為舍、為燈、為明、為歸，為不虛妄，爲不煩惱。』阿難！若比丘知初識住，知集、知滅、知味、知過、知出要，如實知者。阿難！彼比丘言：『彼非我，我非彼。』如實知見。或有衆生，若干種身而一想，梵光音天是。或有衆生，一身若干種想，光音天是。或有衆生，一身一想，遍淨天是。或有衆生，住空處。或有衆生，住識處。或有衆生，住不用處。是爲七識住處。或有沙門、婆羅門言：『此處安隱，爲救、爲護、爲舍、爲燈、爲明、爲歸，爲不虛妄，爲不煩惱。阿難！若比丘知七識住，知集、知滅、知味、知過、知出要，如實知見，彼比丘言：『彼非我，我非彼。』如實知見。是爲七識住。」

「云何二入處，無想入、非想非無想入？是爲，阿難！此二入處，或有沙門、婆羅門言：『此處安隱，爲救、爲護、爲舍、爲燈、爲明、爲歸，爲不虛妄，爲不煩惱。阿難！若比丘知二入處，知集、知滅、知味、知過、知出要，如實知見，彼比丘言：『彼非我，我非彼。』如實知見。是爲二入。

「阿難！復有八解脫。云何八？色觀色，初解脫。內色想，觀外色，二解脫。淨解脫，三解脫。度色想，滅有對想，不念雜想，住空處，四解脫。度空處，住識處，五解脫。度識處，住不用處，六解脫。度不用處，住有想無想處，七解脫。滅盡定，八解脫。阿難！諸比丘於此八解脫，逆順遊行，入出自在，如是比丘得俱解脫。」

爾時，阿難聞佛所說，歡喜奉行！

《長阿含．第十三經》

善生經

如是我聞：

一時，佛在羅閱祇耆闍崛山中，與大比丘衆千二百五十人俱。

爾時，世尊時到著衣持鉢，入城乞食。時，羅閱祇城內有長者子，名曰善生，清旦出城，詣園遊觀，初沐浴訖，舉身皆濕，向諸方禮，東、西、南、北、上、下諸方，皆悉周遍。

爾時，世尊見長者子善生詣園遊觀，初沐浴訖，舉身皆濕，向諸方禮。世尊見已，即詣其所，告善生言：「汝以何緣，清旦出城，於園林中，舉身皆濕，向諸方禮？」

爾時，善生白佛言：「我父臨命終時，遺敕我言：『汝欲禮者，當先禮東方、南方、西方、北方、上方、下方。』我奉承父教不敢違背，故澡浴訖，先叉手東面，向東方禮；南、西、北方，上、下諸方，皆悉周遍。」

爾時，世尊告善生曰：「長者子！有此方名耳，非爲不有；然我賢聖法中，非禮此六方以爲恭敬。」

善生白佛言：「唯願世尊善爲我說賢聖中禮六方法！」

佛告長者子：「諦聽！諦聽！善思念之，當爲汝說。」

善生對曰：「唯然，願樂欲聞。」

佛告善生：「若長者、長者子知四結業，不於四處而作惡行，又復能知六損財業，是謂，善生！長者、長者子離四惡行，禮敬六方。今世亦善，後獲善報，今世根基，後世根基，於現法中，智者所稱，獲世一果，身壞命終，生天、善處。善生！當知四結行者：一者殺生，二者盜竊，三者淫逸，四者妄語，是四結行。云何爲四處？一者欲，二者恚，三者怖，四者癡。若長者、長者子於此四處而作惡者，則有損耗。」佛說是已，復作頌曰：

欲瞋及怖癡，有此四法者；名譽日損減，如月向於晦。

佛告善生：「若長者、長者子於此四處不爲惡者，則有增益。」

爾時，世尊重作頌曰：

於欲恚怖癡，不為惡行者；名譽日增廣，如月向上滿。

佛告善生：「六損財業者：一者耽湎於酒，二者博戲，三者放蕩，四者迷於伎樂，五者惡友相得，六者懈墮，是為六損財業。善生！若長者、長者子解知四結行，不於四處而為惡行，復知六損財業，是為，善生！於四處得離，供養六方。今善後善，今世根基，後世根基，於現法中，智者所譽，獲世一果，身壞命終，生天、善處。

「善生！當知飲酒有六失：一者失財，二者生病，三者鬥諍，四者惡名流布，五者恚怒暴生，六者智慧日損。善生！若彼長者、長者子飲酒不已，其家產業日日損減。善生！博戲有六失，云何為六？一者財產日耗，二者雖勝生怨，三者智者所責，四者人不敬信，五者為人疏外，六者生盜竊心。善生！是為博戲六失。若長者、長者子博戲不已，其家產業日日損減。放蕩有六失：一者不自護身，二者不護財貨，三者不護子孫，四者常自驚懼，五者諸苦惡法常自纏身，六者喜生虛妄，是為放蕩六失。若長者、長者子放蕩不已，其家財產日日損減。

「善生！迷於伎樂復有六失：一者求歌，二者求舞，三者求琴瑟，四者波內早，五者多羅槃，六者首呵那，是爲伎樂六失。若長者，長者子伎樂不已，其家財產日日損減。惡友相得復有六失：一者方便生欺，二者好喜屏處，三者誘他家人，四者圖謀他物，五者財利自向，六者好發他過，是爲惡友六失。若長者、長者子習惡友不已，其家財產日日損減。懈墮有六失：一者富樂不肯作務，二者貧窮不肯勤修，三者寒時不肯勤修，四者熱時不肯勤修，五者時早不肯勤修，六者時晚不肯勤修，是爲懈墮六失。若長者、長者子懈墮不已，其家財業日日損減。」佛說是已，復作頌曰：

迷惑於酒者，還有酒伴黨；財產正集聚，隨已復散盡。
飲酒無節度，常喜歌舞戲；晝出遊他家，因此自陷墜。
隨惡友不改，誹謗出家人；邪見世所嗤，行穢人所黜。
好惡著外色，但論勝負事；親要無返復，行穢人所黜。

爲酒所荒迷，貧窮不自量；輕財好奢用，破家致禍患。
擲博羣飲酒，共伺他淫女；翫習卑鄙行，如月向於晦。
行惡能受惡，與惡友同事；今世及後世，終始無所獲。
晝則好睡眠，夜覺多希望；獨昏無善友，不能修家務。
朝夕不肯作，寒暑復懈墮；所爲事不究，亦復毀成功。
若不計寒暑，朝夕勤修務；事業無不成，至終無憂患。

佛告善生：「有四怨如親，汝當覺知。何謂爲四？一者畏伏，一者美言，三者敬順，四者惡友。」

佛告善生：「畏伏有四事，云何爲四？一者先與後奪，二者與少望多，三者畏故强親，四者爲利故親，是爲畏伏四事。」

佛告善生：「美言親復有四事，云何爲四？一者善惡斯順，二者有難捨離，三者外有善來密止之，四者見有危事便排濟之，是爲美言親四事。敬順親復有四事，云何爲四？一者先誑，二者後誑，三者現誑，四者見有小過便加杖之，是爲敬順親四事。惡友親復有四事，云何爲四？一者飲酒時爲友，二者博戲時爲友，三者淫逸時爲友，四者歌舞時爲友，是爲惡友親四事。」世尊說此已，復作頌曰：

畏伏而强親，美言親亦爾；敬順虛誑親，惡友爲惡親。
此親不可恃，智者當覺知；宜速遠離之，如避於嶮道。

佛告善生：「有四親可親，多所饒益，爲人救護。云何爲四？一者止非，二者慈愍，三者利人，四者同事，是爲四親可親，多所饒益，爲人救護，當親近之。善生！止非有四事，多所饒益，爲人救護。云何爲四？一者見人爲惡則能遮止，二者示人正直，三者慈心愍念，四者示人天路，是爲四止非，多所饒益，爲人救護。

「復次，慈愍有四事：一者見利代喜，二者見惡代憂，三者稱譽人德，四者見人說惡便能抑制，是爲四慈愍，多所饒益，爲人救護。利益有四，云何爲四？一者護彼不令放逸，二者護彼放逸失財，三者護彼使不恐怖，四者屏相教誡，是爲四利人，多所饒益，爲人救護。同事有四，云何爲四？一者爲彼不惜身命，二者爲彼不惜財寶，三者爲彼濟其恐怖，四者爲彼屏相教誡，是爲四同事，多所饒益，爲人救護。」世尊説是已，復作頌曰：

制非防惡親，慈愍存他親；利人益彼親，同事齊己親。

此親乃可親，智者所附近；親中無等親，如慈母親子。

若欲親可親，當親堅固親；親者戒具足，如火光照人。

佛告善生：「當知六方，云何爲六方？父母爲東方，師長爲南方，妻婦爲西方，親黨爲北方，僮僕爲下方，沙門、婆羅門、諸高行者爲上方。善生！夫爲人子，當以五事敬順父母。云何爲五？一者供奉能使無乏，二者凡有所爲先白父母，三者父母所爲恭順不逆，四者父母正令不敢違背，五者不斷父母所爲正業。善生！夫爲人子，當以此五事敬順父母，父母復以五事敬親其子。云何爲五？一者制子不聽爲惡，二者指授示其善處，三者慈愛入骨徹髓，四者爲子求善婚娶，五者隨時供給所須。善生！子於父母敬順恭奉，則彼方安隱，無有憂畏。

「善生！弟子敬奉師長復有五事。云何爲五？一者給侍所須，二者禮敬供養，三者尊重戴仰，四者師有教敕敬順無違，五者從師聞法善持不忘。善生！夫爲弟子當以此五法敬事師長。師長復以五事敬視弟子。云何爲五？一者順法調御，二者誨其未聞，三者隨其所問令善解義，四者示其善友，五者盡以所知誨授不悋。善生！弟子於師長敬順恭奉，則彼方安隱，無有憂畏。

「善生！夫之敬妻亦有五事。云何爲五？一者相待以禮，二者威嚴不闕，三者衣食隨時，四者莊嚴以時，五者委付家內。善生！夫以此五事敬待於妻。妻復以五事恭敬於夫。云何爲五？一者先起，二者後坐，三者和言，四者敬順，五者先意承旨。善生！是爲夫之於妻敬待，如是則彼方安隱，無有憂畏。

「善生！夫爲人者，當以五事親敬親族。云何爲五？一者給施，二者善言，三者利益，四者同利，五者不欺。善生！是爲五事親敬親族。親族亦以五事親敬於人。云何爲五？一者護放逸，二者護放逸失財，三者護恐怖，四者屏相教誡，五者常相稱歎。善生！如是敬視親族，則彼方安隱，無有憂畏。

「善生！主於僮使以五事教授。云何爲五？一者隨能使役，二者飲食隨時，三者賜勞隨時，四者病與醫藥，五者縱其休假。善生！是爲五事教授僮使。僮使復以五事奉事其主。云何爲五？一者早起，二者爲事周密，三者不與不取，四者作務以次，五者稱揚主名。是爲主待僮使，則彼方安隱，無有憂畏。

「善生！檀越當以五事供奉沙門、婆羅門。云何爲五？一者身行慈，二者口行慈，三者意行慈，四者以時施，五者門不制止。善生！若檀越以此五事供奉沙門、婆羅門。沙門、婆羅門當復以六事而教授之。云何爲六？一者防護不令爲惡，二者指授善處，三者教懷善心，四者使未聞者聞，五者已聞能使善解，六者開示天路。善生！如是檀越恭奉沙門、婆羅門，則彼方安隱，無有憂畏。」世尊說已，重說偈曰：

父母爲東方，師長爲南方，妻婦爲西方，親族爲北方，
僮僕爲下方，沙門爲上方。諸有長者子，禮敬於諸方；
敬順不失時，死皆得生天。惠施及軟言，利人多所益，
同利等彼己，所有與人共。此四多負荷，任重如車輪；
世間無此四，則無有孝養。此法在世間，智者所撰擇；
行則獲大果，名稱遠流布。嚴飾於床座，供設上飲食；
供給所當得，名稱遠流布。親舊不相遺，示以利益事；
上下常和同，於此得善譽。先當習伎藝，然後獲財業；
財業既已具，宜當自守護。出財未至奢，當撰擇前人；
欺誑觝突者，寧乞未舉與。積財從小起，如蜂集衆花；
財寶日滋息，至終無損耗。一食知止足，二修業勿怠，
三當先儲積，以擬於空乏，四耕田商賈，擇地而置牧，

五當起塔廟，六立僧房舍，在家勤六業，善修勿失時。
如是修業者，則家無損減；財寶日滋長，如海吞衆流。

爾時，善生白世尊言：「甚善！世尊！實過本望，踰我父教，能使覆者得仰，閉者得開，迷者得悟，冥室燃燈，有目得視。如來所說，亦復如是，以無數方便，開悟愚冥，現清白法。所以者何？佛爲如來、至真、等正覺，故能開示，爲世明導。今我歸依佛、歸依法、歸依僧，唯願世尊聽我於正法中爲優婆塞！自今日始，盡形壽不殺、不盜、不淫、不欺、不飲酒。」

爾時，善生聞佛所說，歡喜奉行！

自歡喜經

如是我聞：

一時，佛在那難陀城波波利菴婆林，與大比丘衆千二百五十人俱。時，長老舍利弗於閑靜處，默自念言：我心決定知過去、未來、現在沙門、婆羅門智慧、神足、功德、道力，無有與如來、無所著、等正覺等者。時，舍利弗從靜室起，往至世尊所，頭面禮足，在一面坐，白佛言：「向於靜室，默自思念：過去、未來、現在沙門、婆羅門智慧、神足、功德、道力，無有與如來、無所著、等正覺等者。」

佛告舍利弗：「善哉！善哉！汝能於佛前說如是語，一向受持，正師子吼，餘沙門、婆羅門無及汝者。云何，舍利弗！汝能知過去諸佛心中所念，彼佛有如是戒、如是法、如是智慧、如是解脫、如是解脫堂不？」

對曰：「不知。」

「云何，舍利弗！汝能知當來諸佛心中所念，有如是戒、如是法、如是智慧、如是解脫、如是解脫堂不。」

答曰：「不知。」

「云何，舍利弗！如我今如來、至真、等正覺心中所念，如是戒、如是法、如是智慧、如是解脫、如是解脫堂，汝能知不？」

答曰：「不知。」

又告舍利弗：「過去、未來、現在如來、至真、等正覺心中所念，汝不能知，何故決定作是念？因何事生是念？一向堅持而師子吼，餘沙門、婆羅門若聞汝言：『我決定知過去、未來、現在沙門、婆羅門智慧、神足、功德、道力，無有與如來、無所著、等正覺等者。』當不信汝言。」

舍利弗白佛言：「我於過去、未來、現在諸佛心中所念，我不能知，佛總相法我則能知。如來為我說法，轉高轉妙，說黑、白法，緣、無緣法，照、無照法。如來所說，轉高轉妙，我聞法已，知一一法，於法究竟，信如來、至真、等正覺，信如來法善可分別，信如來眾苦滅成就，諸善法中，此為最上。世尊智慧無餘，神通無餘，諸世間所有沙門、婆羅門無有能與如來等者，況欲出其上？

「世尊說法復有上者，謂制法。制法者，謂四念處、四正勤、四神足、四禪、五根、五力、七覺意、八賢聖道，是爲無上制，智慧無餘，神通無餘，諸世間所有沙門、婆羅門皆無有與如來等者，況欲出其上者？

「世尊說法又有上者，謂制諸入。諸入者，謂眼色、耳聲、鼻香、舌味、身觸、意法，如過去如來、至真、等正覺亦制此入，所謂眼色……乃至意法；正使未來如來、至真、等正覺亦制此入，所謂眼色……乃至意法；今我如來、至真、等正覺亦制此入，所謂眼色……乃至意法。此法無上，無能過者，智慧無餘，神通無餘，諸世間沙門、婆羅門無能與如來等者，況欲出其上？

「世尊說法又有上者，謂識入胎。入胎者，一謂亂入胎、亂住、亂出，二者不亂入、亂住、亂出，三者不亂入、不亂住而亂出，四者不亂入、不亂住、不亂出。彼不亂入、不亂住、不亂出者，入胎之上。此法無上，智慧無餘，神通無餘，諸世間沙門、婆羅門無能與如來等者，況欲出其上？

「如來說法復有上者，所謂道也。所謂道者，諸沙門、婆羅門以種種方便，入定意三昧，隨三昧心修念覺意，依欲、依離、依滅盡、依出要法；精進、喜、猗、定、捨覺意，依欲、依離、依滅盡、依出要。此法最上，智慧無餘，神通無餘，諸世間沙門、婆羅門無能與如來等者，況欲出其上？

「如來說法復有上者，所謂爲滅。滅者，謂苦滅遲得，二俱卑陋；苦滅速得，唯苦卑陋；樂滅遲得，唯遲卑陋；樂滅速得，然不廣普，以不廣普，故名卑陋。如今如來樂滅速得，而復廣普，乃至天人見神變化。」

舍利弗白佛言：「世尊所說微妙第一，下至女人，亦能受持，盡有漏成無漏，心解脫、慧解脫，於現法中自身作證：生死已盡，梵行已立，所作已辦，不受後有，是爲如來說無上滅。此法無上，智慧無餘，神通無餘，諸世間沙門、婆羅門無能與如來等者，況欲出其上？

「如來說法復有上者，謂言清淨。言清淨者，世尊於諸沙門、婆羅門，不說無益虛妄之言，言不求勝，亦不朋黨，所言柔和，不失時節，言不虛發，是爲言清淨。此法無上，智慧無餘，神通無餘，諸世間沙門、婆羅門無有與如來等者，況欲出其上？

「如來說法復有上者，謂見定。彼見定者，謂有沙門、婆羅門種種方便，入定意三昧，隨三昧心，觀頭至足，觀足至頭，皮膚內外，但有不淨髮、毛、爪甲，肝、肺、腸、胃、脾、腎五臟，汗、肪、髓、腦、屎、尿、涕、淚，臭處不淨，無一可貪，是初見定。諸沙門、婆羅門種種方便，入定意三昧，隨三昧心，除去皮肉外諸不淨，唯觀白骨及與牙齒，是爲二見定。諸沙門、婆羅門種種方便，入定意三昧，隨三昧心，除去皮肉外諸不淨及白骨，唯觀心識在何處住？爲在今世？爲在後世？今世不斷，後世不斷；今世不解脫，後世不解脫，是爲三見定。諸沙門、婆羅門種種方便，入定意三昧，隨三昧心，除去皮肉外諸不淨及除白骨，復重觀識；識在後世，不在今世；今世斷，後世不斷；今世解脫，後世不解脫；是爲四見定。諸有沙門、婆羅門種種方便，入定意三昧，隨三昧心，除去皮肉外諸不淨及除白骨，復重觀識；不在今世，不在後世；二俱斷，二俱解脫，是爲五見定。此法無上，智慧無餘，神通無餘，諸世間沙門、婆羅門無與如來等者，況欲出其上？

「如來說法復有上者，謂說常法。常法者，諸沙門、婆羅門種種方便，入定意三昧，隨三昧心，憶識世間二十成劫敗劫，彼作是言：『世間常存此爲真實，餘者虛妄，所以者何？由我憶識，故知有此成劫敗劫，其餘過去我所不知，未來成敗我亦不知。』此人朝暮以無智說言：『世間常存，唯此爲實，餘者爲虛。』是爲初常法。諸沙門、婆羅門種種方便，入定意三昧，隨三昧心，憶識四十成劫敗劫，彼作是言：『此世間常，此爲真實，餘者虛妄，所以者何？以我憶識故知成劫敗劫，我復能過是，知過去成劫敗劫，我不知未來劫之成敗。』此說知始，不說知終，此人朝暮以無智說言：『世間常存，唯此真實，餘者虛妄。』此是二常法。諸沙門、婆羅門種種方便，入定意三昧，隨三昧心，憶識八十成劫敗劫，彼言：『此世間常，餘者虛妄。所以者何？以我憶識故知有成劫敗劫，復過是知過去成劫敗劫，未來劫之成敗我亦悉知。』此人朝暮以無智說言：『世間常存，唯此爲實，餘者虛妄。』是爲三常存法。此法無上，智慧無餘，神通無餘，諸世間沙門、婆羅門無有能與如來等者，況欲出其上？

「如來說法復有上者，謂觀察。觀察者，謂有沙門、婆羅門以想觀察，他心爾趣，此心爾趣。彼心作是想時，或虛或實，是為一觀察。諸沙門、婆羅門不以想觀察，或聞諸天及非人語，而語彼言：『汝心如是，汝心如是。』此亦或實或虛，是二觀察。或有沙門、婆羅門不以想觀察，亦不聞諸天及非人語，自觀己身，又聽他言。語彼人言：『汝心如是，汝心如是。』此亦有實有虛，是為三觀察。或有沙門、婆羅門不以想觀察，亦不聞諸天及非人語，又不自觀、觀他，除覺、觀已，得定意三昧，觀察他心，而語彼言：『汝心如是，汝心如是。』如是觀察則為真實，是為四觀察。此法無上，智慧無餘、神通無餘，諸世間沙門、婆羅門無有與如來等者，況欲出其上？

「如來說法復有上者，所謂教誡。教誡者，或時有人不違教誡，盡有漏成無漏，心解脫、智慧解脫，於現法中自身作證：生死已盡，梵行已立，所作已辦，不復受有，是為初教誡。或時有人不違教誡，盡五下結，於彼滅度，不還此世，是爲二教誡。或時有人不違教誡，三結盡，薄淫、怒、癡，得斯陀含，還至此世而取滅度，是爲三教誡。或時有人不違教誡，三結盡，得須陀洹，極七往返，必成道果，不墮惡趣，是爲四教誡。此法無上，智慧無餘，神通無餘，諸世間沙門、婆羅門無有與如來等者，況欲出其上？

「如來說法復有上者，爲他說法，使戒清淨。戒清淨者，有諸沙門、婆羅門所語至誠，無有兩舌，常自敬肅，捐除睡眠，不懷邪諂，口不妄言，不爲世人記於吉凶，不自稱說從他所得以示於人，更求他利，坐禪修智，辯才無礙，專念不亂，精勤不怠。此法無上，智慧無餘，神通無餘，諸世間沙門、婆羅門無有與如來等者，況欲出其上？

「如來說法復有上者，謂解脫智。謂解脫智者，世尊由他因緣內自思惟言：此人是須陀洹，此是斯陀含，此是阿那含，此是阿羅漢。此法無上，智慧無餘，神通無餘，諸世間沙門、婆羅門無有與如來等者，況欲出其上？

「如來說法復有上者，謂自識宿命智證。諸沙門、婆羅門種種方便，入定意三昧，隨三昧心，自憶往昔無數世事，一生、二生……乃至百千生成劫敗劫，如是無數我於某處生，名字如是，種、姓如是，壽命如是，飲食如是，苦樂如是；從此生彼，從彼生此，若干種相，自憶宿命無數劫事，晝夜常念本所經歷。此是色，此是無色；此是想，此是無想，此是非無想，盡憶盡知，此法無上，智慧無餘，神通無餘，諸世間沙門、婆羅門無與如來等者，況欲出其上？

「如來說法復有上者，謂天眼智。天眼智者，諸沙門、婆羅門種種方便，入定意三昧，隨三昧心，觀諸衆生，死者、生者，善色、惡色，善趣、惡趣，若好、若醜，隨其所行，盡見盡知。或有衆生，成就身惡行、口惡行，意惡行，誹謗賢聖，信邪倒見，身壞命終，墮三惡道。或有衆生，身行善、口言善、意念善，不謗賢聖，見正信行，身壞命終，生天人中，以天眼淨，觀諸衆生，如實知見。此法無上，智慧無餘，神通無餘，諸世間沙門、婆羅門無與如來等者，況欲出其上？

「如來說法復有上者，謂神足證。神足證者，諸沙門、婆羅門以種種方便，入定意三昧，隨三昧心，作無數神力，能變一身爲無數身，以無數身合爲一身，石壁無礙，於虛空中結跏趺坐，猶如飛鳥，出入於地；猶如在水，履水如地；身出烟火，如火積燃；以手捫日月，立至梵天。若沙門、婆羅門稱是神足者，當報彼言：『有此神足，非爲不有。此神足者，卑賤下劣，凡夫所行，非是賢聖之所修習。若比丘於諸世間愛色不染，捨離此已，如所應行，斯乃名爲賢聖神足。於無喜色，亦不憎惡，捨離此已，如所應行，斯乃名曰賢聖神足。於諸世間愛色、不愛色，二俱捨已，修平等護，專念不忘，斯乃名曰賢聖神足，猶如世尊精進勇猛，有大智慧，有知、有覺，得第一覺，故名等覺。世尊今亦不樂於欲，不樂卑賤凡夫所習，亦不勞勤受諸苦惱。世尊若欲除弊惡法，有覺、有觀，離生喜、樂，遊於初禪，如是便能除弊惡法，有覺、有觀，離生喜、樂，遊於初禪；二禪、三禪、四禪，亦復如是。精進勇猛，有大智慧，有知、有覺，得第一覺，故名等覺。』」

佛告舍利弗：「若有外道異學來問汝言：『過去沙門、婆羅門與沙門瞿曇等不？』汝當云何答？彼復問言：『未來沙門、婆羅門與沙門瞿曇等不？』汝當云何答？彼復問言：『現在沙門、婆羅門與沙門瞿曇等不？』汝當云何答？」

時，舍利弗白佛言：「設有是問：『過去沙門、婆羅門與佛等不？』當答言：『有。』設問：『未來沙門、婆羅門佛等不？』當答言：『有。』設問：『現在沙門、婆羅門與佛等不？』當答言：『無。』」

佛告舍利弗：「彼外道梵志或復問言：『汝何故或言有？或言無？』汝當云何答？」

舍利弗言：「我當報彼：『過去三耶三佛與如來等，未來三耶三佛與如來等，我躬從佛聞，欲使現在有三耶三佛與如來等者，無有是處。』世尊！我如所聞，依法順法，作如是答，將無答耶？」

佛言：「如是答，依法順法，不違也。所以然者，過去三耶三佛與我等，未來三耶三佛與我等，欲使現在有二佛出世，無有是處。」

爾時，尊者鬱陀夷在世尊後執扇扇佛，佛告之曰：「鬱陀夷！汝當觀世尊少欲知足，今我有大神力，有大威德，而少欲知足，不樂在欲。鬱陀夷！若餘沙門、婆羅門於此法中能勤苦得一法者，彼便當豎幡，告四遠言：『如來今者少欲知足，今觀如來少欲知足，如來有大神力，有大威德，不用在欲。』」

爾時，尊者鬱陀夷正衣服，偏露右肩，右膝著地，叉手白佛言：「甚奇！世尊！少有少欲知足如世尊者，世尊有大神力，有大威德，不用在欲。若復有餘沙門、婆羅門於此法中能勤苦得一法者，便能豎幡，告四遠言：『世尊今者少欲知足。』舍利弗！當為諸比丘、比丘尼、優婆塞、優婆夷數說此法，彼若於佛、法、僧，於道有疑者，聞說此法，無復疑網。」

爾時，世尊告舍利弗：「汝當為諸比丘、比丘尼、優婆塞、優婆夷數說此法。所以者何？彼於佛、法、僧，於道有疑者，聞汝所說，當得開解。」

對曰：「唯然！世尊！」

時，舍利弗即便數數爲諸比丘、比丘尼、優婆塞、優婆夷說法，以自清淨故，故名清淨經。

爾時，舍利弗聞佛所說，歡喜奉行！

《長阿含・第十八經》

梵動經

如是我聞：

一時，佛遊摩竭國，與大比丘衆千二百五十人俱，遊行人間，詣竹林，止宿在王堂上。時，有梵志名曰善念，善念弟子名梵摩達，師徒常共隨佛後行，而善念梵志以無數方便毀謗佛、法及比丘僧，其弟子梵摩達以無數方便稱讚佛、法及比丘僧。師徒二人各懷異心，共相違背。所以者何？斯由異習、異見、異親近故。

爾時，衆多比丘於乞食後集會講堂，作如是論：「甚奇！甚特！世尊有大神力，威德具足，盡知衆生志意所趣。而此善念梵志及其弟子梵摩達隨逐如來及比丘僧，而善念梵志以無數方便毀謗佛、法及衆僧，弟子梵摩達以無數方便稱讚如來及法、衆僧。師徒二人各懷異心，異見、異習、異親近故。」

爾時，世尊於靜室中以天淨耳過於人耳，聞諸比丘有如是論，世尊於靜室起詣講堂所，大衆前坐，知而故問：「諸比丘！汝等以何因緣集此講堂？何所論說？」

時，諸比丘白佛言：「我等於乞食後集此講堂，衆共議言：『甚奇！甚特！如來有大神力，威德具足，盡知衆生心志所趣。而今善念梵志及其弟子梵摩達常隨如來及與衆僧，而善念以無數方便毀謗如來及法、衆僧，弟子梵摩達以無數方便稱讚如來及法、衆僧。所以者何？以其異見、異習、異親近故。』向集講堂議如是事。」

爾時，世尊告諸比丘：「若有方便毀謗如來及法、衆僧者，汝等不得懷忿結心，害意於彼。所以者何？若誹謗我、法及比丘僧，汝等懷忿結心，起害意者，則自陷溺，是故汝等不得懷忿結心，害意於彼。比丘若稱譽佛及法、衆僧者，汝等於中亦不足以爲歡喜慶幸。所以者何？若汝等生歡喜心，即爲陷溺，是故汝等不應生喜。所以者何？此是小緣威儀戒行，凡夫寡聞，不達深義，直以所見如實讚嘆。

「云何小緣威儀戒行，凡夫寡聞，直以所見如實稱讚？彼讚嘆言：『沙門瞿曇滅殺、除殺，捨於刀仗，懷慚愧心，慈愍一切。』此是小緣威儀戒行，彼寡聞凡夫以此歎佛。又嘆：『沙門瞿曇捨不與取，滅不與取，無有盜心。』又嘆：『沙門瞿曇捨於淫欲，淨修梵行，一向護戒，不習淫逸，所行清潔。』又嘆：『沙門瞿曇捨滅妄語，所言至誠，所說真實，不誑世人。沙門瞿曇捨滅兩舌，不以此言壞亂於彼，不以彼言壞亂於此；有諍訟者能令和合，已和合者增其歡喜，有所言說不離和合，誠實入心，所言知時。沙門瞿曇捨滅惡口，若有麁言傷損於人，增彼結恨長怨憎者，如此麁言盡皆不爲；常以善言悅可人心，衆所愛樂，聽無厭足，但說此言。沙門瞿曇捨滅綺語，知時之語、實語、利語、法語、律語、止非之語，但說是言。

「『沙門瞿曇捨離飲酒，不著香華，不觀歌舞，不坐高床，非時不食，不執金銀，不畜妻息、僮僕、婢使，不畜象、馬、豬、羊、雞、犬及諸鳥獸，不畜象兵、馬兵、車兵、步兵，不畜田宅種殖五穀，不以手拳與人相加，不以斗秤欺誑於人，亦不販賣券要斷當，亦不取受觝債橫生無端，亦不陰謀面背有異，非時不行；爲身養壽，量腹而食，其所至處，衣鉢隨身，譬如飛鳥，羽翮身俱。』此是持戒小小因緣，彼寡聞凡夫以此歎佛。

「『如餘沙門、婆羅門受他信施，更求儲積，衣服飲食無有厭足；沙門瞿曇無有如此事。如餘沙門、婆羅門食他信施，自營生業，種殖樹木，鬼神所依；沙門瞿曇無如此事。如餘沙門、婆羅門食他信施，更作方便，求諸利養，象牙、雜寶、高廣大床、種種文繡、氍氀毾㲪、綩綖被褥；沙門瞿曇無如此事。如餘沙門、婆羅門食他信施，更作方便，求自莊嚴，酥油摩身，香水洗浴，香末自塗，香澤梳頭，著好華鬘，染目紺色，拭面莊飾，鐶紐澡潔，以鏡自照，著寶革屣，上服純白，戴蓋執拂，幢麾莊飾；沙門瞿曇無如此事。

「『如餘沙門、婆羅門專爲嬉戲，碁局博奕，八道、十道，至百千道，種種戲法以自娛樂；沙門瞿曇無如是事。如餘沙門、婆羅門食他信施，但說遮道無益之言，王者、戰鬥、軍馬之事，羣僚、大臣、騎乘出入、遊戲園觀，及論臥起、行步、女人之事，衣服、飲食、親里之事，又說入海採寶之事；沙門瞿曇無如此事。如餘沙門、婆羅門食他信施，無數方便，但作邪命，諂諛美辭，現相毀呰，以利求利；沙門瞿曇無如此事。如餘沙門、婆羅門食他信施，但共諍訟，或於園觀，或在浴池，或於堂上，互相是非，言：我知經律，汝無所知；我趣正道，汝趣邪徑；以前著後，以後著前；我能忍，汝不能忍；汝所言說，皆不真正，若有所疑，當來問我，我盡能答。沙門瞿曇無如是事。

「『如餘沙門、婆羅門食他信施，更作方便，求爲使命，若爲王、王大臣、婆羅門、居士通信使，從此詣彼，從彼至此，持此信授彼，持彼信授此，或自爲，或教他爲；沙門瞿曇無如是事。如餘沙門、婆羅門食他信施，但習戰陣鬥諍之事，或習刀仗、弓矢之事，或鬥雞犬、豬羊、象馬、牛駝諸獸，或鬥男女，或作衆聲：吹聲、鼓聲、歌聲、舞聲，緣幢倒絕，種種伎戲，無不翫習；沙門瞿曇無如是事。如餘沙門、婆羅門食他信施，行遮道法，邪命自活，瞻相男女，吉凶好醜，及相畜生，以求利養；沙門瞿曇無如是事。

「『如餘沙門、婆羅門食他信施，行遮道法，邪命自活，召喚鬼神，或復驅遣，種種禳禱，無數方道，恐熱於人，能聚能散，能苦能樂，又能爲人安胎出衣，亦能咒人使作驢馬，亦能使人聾盲瘖瘂，現諸技術，叉手向日月，作諸苦行以求利養；沙門瞿曇無如是事。如餘沙門、婆羅門食他信施，行遮道法，邪命自活，或爲人咒病，或誦惡咒，或誦善咒，或爲醫方、鍼灸、藥石，療治衆病；沙門瞿曇無如此事。如餘沙門、婆羅門食他信施，行遮道法，邪命自活，或咒水火，或爲鬼咒，或誦剎利咒，或誦象咒，或支節咒，或安宅符咒，或火燒、鼠囓能爲解咒，或誦知死生書，或誦夢書，或相手面，或誦天文書，或誦一切音書；沙門瞿曇無如此事。如餘沙門、婆羅門食他信施，行遮道法，邪命自活，瞻相天時，言雨不雨，穀貴穀賤，多病少病，恐怖安隱，或說地動、彗星、月蝕、日蝕，或言星蝕，或言不蝕，方面所在，皆能記之；沙門瞿曇無如此事。如餘沙門、婆羅門食他信施，行遮道法，邪命自活，或言此國當勝，彼國不如；或言彼國當勝，此國不如；瞻相吉凶，說其盛衰；沙門瞿曇無如是事。』諸比丘！此是持戒小小因緣，彼寡聞凡夫以此嘆佛。」

佛告諸比丘：「更有餘法，甚深微妙大法光明，唯有賢聖弟子能以此法讚嘆如來。何等是甚深微妙大光明法，賢聖弟子能以此法讚嘆如來？諸有沙門、婆羅門於本劫本見、末劫末見，種種無數，隨意所說，盡入六十二見中；本劫本見、末劫末見，種種無數，隨意所說，盡不能出過六十二見中。彼沙門、婆羅門以何等緣，於本劫本見、末劫末見，種種無數，各隨意說，盡入此六十二見中，齊是不過？諸沙門、婆羅門於本劫本見，種種無數，各隨意說，盡入十八見中；本劫本見，種種無數，各隨意說，盡不能過十八見中。彼沙門、婆羅門以何等緣，於本劫本見，種種無數，各隨意說，盡入十八見中，齊此不過？諸沙門、婆羅門於本劫本見，起常論，言：『我及世間常存。』此盡入四見中；於本劫本見言：『我及世間常存。』盡入四見，齊是不過。

「彼沙門、婆羅門以何等緣，於本劫本見，起常論，言：『我及世間常存。』此盡入四見中，齊是不過？或有沙門、婆羅門種種方便，入定意三昧，以三昧心憶二十成劫敗劫，彼作是說：『我及世間是常，此實餘虛。所以者何？我以種種方便入定意三昧，以三昧心憶二十成劫敗劫，其中衆生不增不減，常聚不散，我以此知：我及世間是常，此實餘虛。』此是初見。沙門、婆羅門因此於本劫本見，計我及世間是常；於四見中，齊是不過。

「或有沙門、婆羅門種種方便，入定意三昧，以三昧心憶四十成劫敗劫，彼作是說：『我及世間是常，此實餘虛。所以者何？我以種種方便，入定意三昧，以三昧心憶四十成劫敗劫，其中衆生不增不減，常聚不散，我以此知：我及世間是常，此實餘虛。』此是二見。諸沙門、婆羅門因此於本劫本見，計我及世間是常；於四見中，齊是不過。

「或有沙門、婆羅門以種種方便，入定意三昧，以三昧心憶八十成劫敗劫，彼作是言：『我及世間是常，此實餘虛。所以者何？我以種種方便入定意三昧，以三昧心憶八十成劫敗劫，其中衆生不增不減，常聚不散，我以此知：我及世間是常，此實餘虛。』此是三見。諸沙門、婆羅門因此於本劫本見，計我及世間是常；於四見中，齊是不過。

「或有沙門、婆羅門有捷疾相智，善能觀察，以捷疾相智方便觀察，謂爲審諦，以己所見，以己辯才作是說，言：『我及世間是常。』此是四見。沙門、婆羅門因此於本劫本見，計我及世間是常；於四見中，齊是不過。此沙門、婆羅門於本劫本見，計我及世間是常，如此一切盡入四見中，我及世間是常；於此四見中，齊是不過。唯有如來知此見處，如是持、如是執，亦知報應。如來所知又復過是，雖知不著，已不著則得寂滅，知受集、滅、味、過、出要，以平等觀無餘解脫，故名如來。是爲餘甚深微妙大法光明，使賢聖弟子真實平等讚嘆如來。

「復有餘甚深微妙大法光明，使賢聖弟子真實平等讚嘆如來。何等是？諸沙門、婆羅門於本劫本見起論，言：『我及世間，半常半無常。』彼沙門、婆羅門因此於本劫本見，計我及世間半常半無常；於此四見中，齊是不過。或有是時，此劫始成，有餘衆生福盡、命盡、行盡，從光音天命終，生空梵天中，便於彼處生愛著心，復願餘衆生共生此處。此衆生既生愛著願已，復有餘衆生命、行、福盡，於光音天命終，來生空梵天中，其先生衆生便作是念：『我於此處是梵、大梵，我自然有，無能造我者。我盡知諸義典，千世界於中自在，最爲尊貴，能爲變化，微妙第一。爲衆生父，我獨先有，餘衆生後來，後來衆生，我所化成。』其後衆生復作是念：『彼是大梵，彼能自造，無造彼者，盡知諸義典，千世界於中自在，最爲尊貴，能爲變化，微妙第一。爲衆生父，彼獨先有，後有我等，我等衆生，彼所化成。』彼梵衆生命、行盡已，來生世間，年漸長大，剃除鬚髮，服三法衣，出家修道，入定意三昧，隨三昧心自識本生，便作是言：『彼大梵者能自造作，無造彼者，盡知諸義典，千世界於中自在，最爲尊貴，能爲變化，微妙第一。爲衆生父，常住不變，而彼梵化造我等，我等無常變易，不得久住，是故當知：我及世間半常無常，此實餘虛。』是謂初見。沙門、婆羅門因此於本劫本見起論：半常半無常；於四見中，齊是不過。

「或有衆生喜戲笑懈怠，數數戲笑以自娛樂，彼戲笑娛樂時，身體疲極便失意，以失意便命終，來生世間，年漸長大，剃除鬚髮，服三法衣，出家修道。彼入定意三昧，以三昧心自識本生，便作是言：『彼餘衆生不數生，不數戲笑娛樂，常在彼處，永住不變；由我數戲笑故，致此無常，爲變易法，是故我知：我及世間半常半無常，此實餘虛。』是爲第二見。沙門、婆羅門因此於本劫本見起論：我及世間半常半無常；於四見中，齊此不過。

「或有衆生展轉相看已，便失意，由此命終，來生世間，漸漸長大，剃除鬚髮，服三法衣，出家修道，入定意三昧，以三昧心識本所生，便作是言：『如彼衆生不展轉相看，不失意故，常住不變；我等於彼數相看，數相看已便失意，致此無常，爲變易法，我以此知：我及世間半常半無常，此實餘虛。』是第三見。諸沙門、婆羅門因此於本劫本見起論：我及世間半常半無常；於四見中，齊此不過。

「或有沙門、婆羅門有捷疾相智，善能觀察，彼以捷疾觀察相智，以己智辯言：『我及世間半常半無常，此實餘虛。』是爲第四見。諸沙門、婆羅門因此於本劫本見起論：我及世間半常半無常；於四見中，齊是不過。

諸沙門、婆羅門於本劫本見起論：我及世間半常半無常；盡入四見中，齊是不過。唯佛能知此見處，如是持、如是執，亦知報應，如來所知又復過是，雖知不著，以不著則得寂滅，知受集、滅、味、過、出要，以平等觀無餘解脫，故名如來。是爲餘甚深微妙大法光明，使賢聖弟子真實平等讚歎如來。

「復有餘甚深微妙大法光明，使賢聖弟子真實平等讚歎如來。何等法是？諸沙門、婆羅門於本劫本見起論：『我及世間有邊無邊。』彼沙門、婆羅門因此於本劫本見起論：『我及世間有邊無邊。』於此四見中，齊是不過。或有沙門、婆羅門種種方便，入定意三昧，以三昧心觀世間，起邊想，彼作是說：『此世間有邊，是實餘虛。所以者何？我以種種方便，入定意三昧，以三昧心觀世間有邊，是故知世間有邊，此實餘虛。』是謂初見。沙門、婆羅門因此於本劫本見起論：我及世間有邊；於四見中，齊是不過。

「或有沙門、婆羅門以種種方便，入定意三昧，以三昧心觀世間，起無邊想，彼作是言：『世間無邊，此實餘虛。所以者何？我以種種方便，入定意三昧，以三昧心觀世間無邊，是故知世間無邊，此實餘虛。』是第二見。沙門、婆羅門因此於本劫本見起論：我及世間無邊；於四見中，齊此不過。

「或有沙門、婆羅門以種種方便，入定意三昧，以三昧心觀世間，謂上方有邊，四方無邊，彼作是言：『世間有邊無邊，此實餘虛。所以者何？我以種種方便，入定意三昧，以三昧心觀上方有邊，四方無邊，是故我知世間有邊無邊，此實餘虛。』是爲第三見。諸沙門、婆羅門因此於本劫本見起論：我及世間有邊無邊；於此四見中，齊是不過。

「或有沙門、婆羅門有捷疾相智，善於觀察，彼以捷疾觀察智，以己智辯言：『我及世間非有邊非無邊，此實餘虛。』是爲第四見。諸沙門、婆羅門因此於本劫本見起論：我及世間有邊無邊，此實餘虛；於四見中，齊是不過。此是諸沙門、婆羅門於本劫本見起論：我及世間有邊無邊；盡入四見中，齊是不過。唯佛能知此見處，如是持、如是執，亦知報應。如來所知又復過是，雖知不著，已不著則得寂滅，知受集、滅、味、過、出要，以平等觀無餘解脫，故名如來。是爲餘甚深微妙大法光明，使賢聖弟子真實平等讚歎如來。

「復有餘甚深微妙大法光明，使賢聖弟子真實平等讚歎如來。何者是？諸沙門、婆羅門於本劫本見，異問異答，彼彼問時，異問異答；於四見中，齊是不過。沙門、婆羅門因此於本劫本見，異問異答；於四見中，齊是不過。或有沙門、婆羅門作如是論，作如是見：『我不見不知善惡有報、無報耶？我以不見不知故，作如是說：善惡有報耶？無報耶？世間有沙門、婆羅門廣博多聞，聰明智慧，常樂閑靜，機辯精微，世所尊重，能以智慧善別諸見。設當問我諸深義者，我不能答，有愧於彼，於彼有畏，當以此答以爲歸依、爲洲、爲舍，爲究竟道。彼設問者，當如是答：此事如是，此事實，此事異，此事不異，此事非異非不異。』是爲初見。沙門、婆羅門因此問異答異；於四見中，齊是不過。

「或有沙門、婆羅門作如是論，作如是見：『我不見不知爲有他世耶?無他世耶?諸世間沙門、婆羅門以天眼知、他心智，能見遠事，已雖近他，他人不見。如此人等能知有他世、無他世；我不知不見有他世、無他世。若我說者，則爲妄語，我惡畏妄語，故以爲歸依、爲洲、爲舍，爲究竟道。彼設問者，當如是答：此事如是，此事實，此事異，此事不異，此事非異非不異。』是爲第二見。諸沙門、婆羅門因此問異答異；於四見中，齊是不過。

「或有沙門、婆羅門作如是見，作如是論：『我不知不見何者爲善？何者不善？我不知不見如是說是善、是不善？我則於此生愛，從愛生恚，有愛有恚，則有受生。我欲滅受，故出家修行；彼惡畏受，故以此爲歸依、爲洲、爲舍，爲究竟道。彼設問者，當如是答：此事如是，此事實，此事異，此事不異，此事非異非不異。』是爲第三見。諸沙門、婆羅門因此問異答異；於四見中，齊是不過。

「或有沙門、婆羅門愚冥闇鈍，他有問者，彼隨他言答：『此事如是，此事實，此事異，此事不異，此事非異非不異。』是爲四見。諸沙門、婆羅門因此異問異答；於四見中，齊是不過。或有沙門、婆羅門於本劫本見，異問異答；盡入四見中，齊是不過。唯佛能知此見處，如是持、如是執，亦知報應。如來所知又復過是，雖知不著，已不著則得寂滅，知受集、滅、味、過、出要，以平等觀無餘解脫，故名如來。是爲甚深微妙大法光明，使賢聖弟子真實平等讚歎如來。

「復有餘甚深微妙大法光明，使賢聖弟子真實平等讚歎如來。何等是？或有沙門、婆羅門於本劫本見，謂無因而出有此世間，彼盡入二見中，於本劫本見無因而出有此世間；於此二見中，齊是不過。彼沙門、婆羅門因何事於本劫本見，謂無因而有，於此二見中，齊是不過？或有衆生無想無知，若彼衆生起想，則便命終，來生世間，漸漸長大，剃除鬚髮，服三法衣，出家修道，入定意三昧，以三昧心識本所生，彼作是語：『我本無有，今忽然有；此世間本無、今有，此實餘虛。』是爲初見。諸沙門、婆羅門因此於本劫本見，謂無因有；於二見中，齊是不過。

「或有沙門、婆羅門有捷疾相智，善能觀察，彼已捷疾觀察智觀，以己智辯能如是說：『此世間無因而有，此實餘虛。』此第二見。諸有沙門、婆羅門因此於本劫本見，無因而有，有此世間；於二見中，齊是不過。諸有沙門、婆羅門於本劫本見，無因而有；盡入二見中，齊是不過。唯佛能知，亦復如是。諸有沙門、婆羅門於本劫本見，無數種種，隨意所說；彼盡入是十八見中，本劫本見，無數種種，隨意所說；於十八見，齊是不過。唯佛能知，亦復如是。

「復有餘甚深微妙大法光明，何等是？諸有沙門、婆羅門於末劫末見，無數種種，隨意所說；彼盡入四十四見中，於末劫末見，種種無數，隨意所說，於四十四見，齊是不過。彼有沙門、婆羅門因何事於末劫末見，無數種種，隨意所說，於四十四見，齊此不過？諸有沙門、婆羅門於末劫末見，生有想論，說世間有想；彼盡入十六見中，於末劫末見生想論，說世間有想，於十六見中，齊是不過。彼沙門、婆羅門因何事於末劫末見生想論，說世間有想，彼盡入十六見中，齊是不過？

「諸有沙門、婆羅門作如是論、如是見，言：『我此終後，生有色有想，此實餘虛。』是爲初見。諸沙門、婆羅門因此於末劫末見生想論，說世間有想；於十六見中，齊是不過。有言：『我此終後，生無色有想，此實餘虛。』有言：『我此終後，生有色無色有想，此實餘虛。』有言：『我此終後，生非有色非無色有想，此實餘虛。』有言：『我此終後，生有邊有想，此實餘虛。』有言：『我此終後，生無邊有想，此實餘虛。』有言：『我此終後，生有邊無邊有想，此實餘虛。』有言：『我此終後，生非有邊非無邊有想，此實餘虛。』有言：『我此終後，生而一向有樂有想，此實餘虛。』有言：『我此終後，生而一向有苦有想，此實餘虛。』有言：『我此終後，生有樂有苦有想，此實餘虛。』有言：『我此終後，生不苦不樂有想，此實餘虛。』有言：『我此終後，生有一想，此實餘虛。』有言：『我此終後，生有若干想，此實餘虛。』有言：『我此終後，生少想，此實餘虛。』有言：『我此終後，生有無量想，此實餘虛。』是爲十六見。諸有沙門、婆羅門於末劫末見，生想論，說世間有想；於此十六見中，齊是不過。唯佛能知，亦復如是。

「復有餘甚深微妙大法光明，何等法是？諸有沙門、婆羅門於末劫末見，生無想論，說世間無想；彼盡入八見中，於末劫末見，生無想論，於此八見中，齊此不過。彼沙門、婆羅門因何事於末劫末見，生無想論，說世間無想，於八見中，齊此不過？諸有沙門、婆羅門作如是見，作如是論：『我此終後，生有色無想，此實餘虛。』有言：『我此終後，生無色無想，此實餘虛。』有言：『我此終後，生有色無色無想，此實餘虛。』有言：『我此終後，生非有色非無色無想，此實餘虛。』有言：『我此終後，生有邊無想，此實餘虛。』有言：『我此終後，生無邊無想，此實餘虛。』有言：『我此終後，生有邊無邊無想，此實餘虛。』有言：『我此終後，生非有邊非無邊無想，此實餘虛。』是爲八見。若沙門、婆羅門因此於末劫末見，生無想論，說世間無想；彼盡入八見中，齊是不過。唯佛能知，亦復如是。

「復有餘甚深微妙大法光明，何等法是？或有沙門、婆羅門於末劫末見，生非想非非想論，說此世間非想非非想；彼盡入八見中，於末劫末見，作非想非非想論，說世間非想非非想，於八見中，齊是不過。彼沙門、婆羅門因何事於末劫末見，生非想非非想論，說世間非想非非想，於八見中，齊是不過？諸沙門、婆羅門作如是論，作如是見：『我此終後，生有色非有想非無想，此實餘虛。』有言：『我此終後，生無色非有想非無想，此實餘虛。』有言：『我此終後，生有色無色非有想非無想，此實餘虛。』有言：『我此終後，生非有色非無色非有想非無想，此實餘虛。』有言：『我此終後，生有邊非有想非無想，此實餘虛。』有言：『我此終後，生無邊非有想非無想，此實餘虛。』有言：『我此終後，生有邊無邊非有想非無想，此實餘虛。』有言：『我此終後，生非有邊非無邊非有想非無想，此實餘虛。』是爲八見。若沙門、婆羅門因此於末劫末見，生非有想非無想論，說世間非有想非無想；盡入八見中，齊是不過。唯佛能知，亦復如是。

「復有餘甚深微妙大法光明，何等法是？諸有沙門、婆羅門於末劫末見，起斷滅論，說衆生斷滅無餘；彼盡入七見中，於末劫末見起斷滅論，說衆生斷滅無餘，於七見中，齊是不過。彼沙門、婆羅門因何事於末劫末見，起斷滅論，說衆生斷滅無餘，於七見中，齊是不過？諸有沙門、婆羅門作如是論，作如是見：『我身四大、六入，從父母生，乳餔養育，衣食成長，摩捫擁護，然是無常，必歸磨滅。』齊是名爲斷滅，第一見也。或有沙門、婆羅門作是說，言：『此我不得名斷滅，我欲界天斷滅無餘，齊是爲斷滅。』是爲二見。或有沙門、婆羅門作是說，言：『此非斷滅，我色界化身，諸根具足，斷滅無餘，是爲斷滅。』有言：『此非斷滅，我無色空處斷滅。』有言：『此非斷滅，我無色識處斷滅。』有言：『此非斷滅，我無色不用處斷滅。』有言：『此非斷滅，我無色有想無想處斷滅。』是第七斷滅，是爲七見。諸有沙門、婆羅門因此於末劫末見，言此衆生類斷滅無餘；於七見中，齊此不過。唯佛能知，亦復如是。

「復有餘甚深微妙大法光明，何等法是？諸有沙門、婆羅門於末劫末見，現在生泥洹論，說衆生現在有泥洹；彼盡入五見中，於末劫末見說現在有泥洹，於五見中，齊是不過。彼沙門、婆羅門因何事於末劫末見，說衆生現有泥洹，於五見中，齊是不過？諸有沙門、婆羅門作是見，作是論，說：『我於現在五欲自恣，此是我得現在泥洹。』是第一見。復有沙門、婆羅門作是說：『此是現在泥洹，非不是，復有現在泥洹微妙第一，汝所不知，獨我知耳；如我去欲、惡不善法，有覺、有觀，離生喜、樂，入初禪。』此名現在泥洹，是第二見。

「復有沙門、婆羅門作如是說：『此是現在泥洹，非不是，復有現在泥洞微妙第一，汝所不知，獨我知耳；如我滅有覺、觀，內喜、一心，無覺、無觀，定生喜、樂，入第二禪。』齊是名現在泥洹，是爲第三見。復有沙門、婆羅門作是說，言：『此是現在泥洹，非不是，復有現在泥洹微妙第一，汝所不知，獨我知耳；如我除念、捨、喜、住樂，護念一心，自知身樂，賢聖所說，入第三禪。』齊是名現在泥洹，是爲第四見。復有沙門、婆羅門作是說，言：『此是現在泥洹，非不是，現在泥洹復有微妙第一，汝所不知，獨我知耳；如我樂滅、苦滅，先除憂、喜，不苦不樂，護念清淨，入第四禪。』此名第一泥洹，是爲第五見。若沙門、婆羅門於末劫末見，生現在泥洹論，於五見中，齊是不過。唯佛能知，亦復如是。

「諸有沙門、婆羅門於末劫末見，無數種種，隨意所說；於四十四見中，齊是不過。唯佛能知此諸見處，亦復如是。諸有沙門、婆羅門於本劫本見、末劫末見，無數種種，隨意所說，盡入此六十二見中；於本劫本見、末劫末見，無數種種，隨意所說；於六十二見中，齊此不過。唯如來知此見處，亦復如是。諸有沙門、婆羅門於本劫本見，生常論，說：『我、世間是常。』彼沙門、婆羅門於此生智，謂異信、異欲、異聞、異緣、異覺、異見、異定、異忍，因此生智，彼以希現則名爲受，……乃至現在泥洹，亦復如是。諸有沙門、婆羅門生常論，言：『世間是常。』彼因受緣，起愛生愛而不自覺知，染著於愛，爲愛所伏，……乃至現在泥洹，亦復如是。諸有沙門、婆羅門於本劫本見，生常論，言：『世間是常。』。彼因觸緣故，若離觸緣而立論者，無有是處，……乃至現在泥洹，亦復如是。諸有沙門、婆羅門於本劫本見、末劫末見，各隨所見說，彼盡入六十二見中，各隨所見說，盡依中在中，齊是不過。猶如巧捕魚師，以細目網覆小池上，當知池中水性之類，皆入網內，無逃避處，齊是不過。諸沙門、婆羅門亦復如是，於本劫本見、末劫末見，種種所說，盡入六十二見中，齊是不過。

「若比丘於六觸集、滅、味、過、出要，如實而知，則為最勝，出彼諸見。如來自知生死已盡，所以有身，為欲福度諸天、人故；若其無身，則諸天、世人無所恃怙。猶如多羅樹斷其頭者，則不復生；佛亦如是，已斷生死，永不復生。」

當佛說此法時，大千世界三反六種震動。爾時，阿難在佛後執扇扇佛，偏露右臂，長跪叉手，白佛言：「此法甚深，當以何名，云何奉持？」

佛告阿難：「當名此經為義動、法動、見動、魔動、梵動。」

爾時，阿難聞佛所說。歡喜奉行！

《長阿含·第二十一經》

沙門果經

如是我聞：

一時，佛在羅閱祇耆舊童子菴婆園中，與大比丘衆千二百五十人俱。爾時，王阿闍世韋提希子以十五日月滿時，命一夫人而告之曰：「今夜清明，與晝無異，當何所爲作？」

夫人白王言：「今十五日夜月滿時，與晝無異，宜沐髮澡浴，與諸婇女五欲自娛。」

時，王又命第一太子優耶婆陀而告之曰：「今夜月十五日月滿時，與晝無異，當何所施作？」

太子白王言：「今夜十五日月滿時，與晝無異，宜集四兵，與共謀議伐於邊逆，然後還此共相娛樂。」

時，王又命勇健大將而告之曰：「今十五日月滿時，其夜清明，與晝無異，當何所爲作？」

大將白言：「今夜清明，與晝無異，宜集四兵，案行天下，知有逆順。」

時，王又命雨舍婆羅門而告之曰：「今十五日月滿時，其夜清明，與晝無異，當詣何等沙門、婆羅門所能開悟我心？」

時，雨舍白言：「今夜清明，與晝無異，有不蘭迦葉於大衆中而爲導首，多有知識，名稱遠聞，猶如大海多所容受，衆所供養。大王！宜往詣彼問訊，王若見者，心或開悟。」

王又命雨舍弟須尼陀而告之曰：「今夜清明，與晝無異，宜詣何等沙門、婆羅門所能開悟我心？」

須尼陀白言：「今夜清明，與晝無異，有末伽梨瞿舍梨於大衆中而爲導首，多有知識，名稱遠聞，猶如大海無不容受，衆所供養。大王！宜往詣彼問訊，王若見者，心或開悟。」

王又命典作大臣而告之曰：「今夜清明，與晝無異，當詣何等沙門、婆羅門所能開悟我心？」

典作大臣白言：「有阿耆多翅舍欽婆羅於大衆中而爲導首，多有知識，名稱遠聞，猶如大海無不容受，衆所供養。大王！宜往詣彼問訊，王若見者，心或開悟。」

王又命伽羅守門將而告之曰：「今夜清明，與晝無異，當詣何等沙門、婆羅門所能開悟我心？」伽羅守門將白言：「有婆俘陀伽旃那於大衆中而爲導首，多有知識，名稱遠聞，猶如大海無不容受，衆所供養。大王！宜往詣彼問訊，王若見者，心或開悟。」

王又命優陀夷漫提子而告之曰：「今夜清明，與晝無異，當詣何等沙門、婆羅門所能開悟我心？」

優陀夷白言：「有散若夷毗羅梨沸於大衆中而爲導首，多有知識，名稱遠聞，猶如大海無不容受，衆所供養。大王！宜往詣彼問訊，王若見者，心或開悟。」

王又命弟無畏而告之曰：「今夜清明，與晝無異，當詣何等沙門、婆羅門所能開悟我心？」

弟無畏白言：「有尼乾子於大衆中而爲導首，多有知識，名稱遠聞，猶如大海無不容受，衆所供養。大王！宜往詣彼問訊，王若見者，心或開悟。」

王又命壽命童子而告之曰：「今夜清明，與晝無異，當詣何等沙門、婆羅門所能開悟我心？」

壽命童子白言：「有佛、世尊今在我菴婆園中。大王！宜往詣彼問訊，王若見者，心必開悟。」

王敕壽命言：「嚴我所乘寶象及餘五百白象。」

者舊受教，即嚴王象及五百象訖，白王言：「嚴駕已備，唯願知時！」

阿闍世王自乘寶象，使五百夫人乘五百牝象，手各執炬，現王威嚴，出羅閱祇，欲詣佛所，小行進路，告壽命曰：「汝今誑我，陷固於我，引我大眾欲與寃家。」

壽命白言：「大王！我不敢欺王，不敢陷固引王大眾以與寃家，王但前進，必獲福慶。」

時，王小復前進，告壽命言：「汝欺誑我，陷固於我，欲引我眾持與寃家。如是再三，所以者何？彼有大衆千二百五十人，寂然無聲，將有謀也。」

壽命復再三白言：「大王！我不敢欺誑陷固，引王大衆持與寃家，王但前進，必獲福慶。所以者何？彼沙門法常樂閑靜，是以無聲，王但前進，園林已現。」

阿闍世王到園門，下象、解劍、退蓋，去五威儀，步入園門，告壽命曰：「今佛、世尊爲在何所？」壽命報言：「大王！今佛在彼高堂上，前有明燈，世尊處師子座，南面而坐，王小前進，自見世尊。」

爾時，阿闍世王往詣講堂所，於外洗足，然後上堂，默然四顧，生歡喜心，口自發言：「今諸沙門寂然靜默，止觀具足，願使我太子優婆耶亦止觀成就，與此無異！」爾時，世尊告阿闍世王曰：「汝念子故，口自發言：願使太子優婆耶亦止觀成就，與此無異！汝可前坐。」

時，阿闍世王即前頭面禮佛足，於一面坐，而白佛言：「今欲有所問，若有閑暇，乃敢請問。」

佛言：「大王！欲有問者，便可問也。」

阿闍世王白佛言：「世尊！如今人乘象、馬車，習刀、矛、劍、弓矢、兵仗、戰鬥之法，王子、力士、大力士、僮使、皮師、剃髮師、織鬘師、車師、瓦師、竹師、葦師，皆以種種伎術以自存生，自恣娛樂，父母、妻子、奴僕、僮使共相娛樂，如此營生，現有果報。今諸沙門現在所修，現得果報不？」

佛告王曰：「汝頗曾詣諸沙門、婆羅門所問如此義不？」

王白佛言：「我曾詣沙門、婆羅門所問如是義，我念一時至不蘭迦葉所，問言：『如人乘象、馬車，習於兵法，……乃至種種營生，現有果報。今此衆現在修道，現得果報不？』彼不蘭迦葉報我言：『王若自作，若教人作，斫伐殘害，煮炙切割，惱亂衆生，愁憂啼哭，殺生偷盜，淫逸妄語，踰牆劫奪，放火焚燒，斷道爲惡。大王！行如此事，非爲惡也。大王！若以利劍臠割一切衆生，以爲肉聚，彌滿世間，此非爲惡，亦無罪報；於恆水南岸，臠割衆生，亦無有惡報；於恆水北岸，爲大施會，施一切衆，利人等利，亦無福報。』」

王白佛言：「猶如有人問瓜報李，問李報瓜，彼亦如是。我問現得報不？而彼答我無罪福報，我即自念言：我是刹利王，水澆頭種，無緣殺出家人，繫縛驅遣。時，我懷忿結心，作此念已，即便捨去。」

又白佛言：「我於一時至末伽梨拘舍梨所，問言：『如人乘象、馬車，習於兵法，……乃至種種營生，皆現有果報。今者此衆現在修道，現得報不？』彼報我言：『大王！無施、無與，無祭祀法；亦無善惡，無善惡報；無有今世，亦無後世；無父、無母，無天、無化、無衆生；世無沙門、婆羅門平等行者，亦無今世、後世，自身作證，布現他人。諸言有者，皆是虛妄。』世尊！猶如有人問瓜報李，問李報瓜，彼亦如是。我問現得報不？彼乃以無義答，我即自念言：我是刹利王，水澆頭種，無緣殺出家人，繫縛驅遣。時，我懷忿結心，作此念已，即便捨去。」

又白佛言：「我於一時至阿夷陀翅舍欽婆羅所，問言：『大德！如人乘象、馬車，習於兵法，……乃至種種營生，皆現有果報。今者此衆現在修道，現得報不？』彼報我言：『受四大人取命終者，地大還歸地，水還歸水，火還歸火，風還歸風，皆悉壞敗，諸根歸空。若人死時，床輿舉身置於塚間，火燒其骨如鴿色，或變爲灰土。若愚、若智取命終者，皆悉壞敗，爲斷滅法。』世尊！猶如有人問李瓜報，問瓜李報，彼亦如是。我問現得報不？而彼答我以斷滅，我即念言：我是刹利王，水澆頭種，無緣殺出家人，繫縛驅遣。時，我懷忿結心，作此念已，即便捨去。」

又白佛言：「我昔一時至波浮陀伽旃延所，問言：『大德！如人乘象、馬車，習於兵法，……乃至種種營生，皆現有果報。今者此衆現在修道，現得報不？』彼答我言：『大王！無力、無精進、人無力、無方便；無因無緣衆生染著，無因無緣衆生清淨。一切衆生有命之類，皆悉無力，不得自在，無有寃讎定在數中，於此六生中受諸苦樂。』猶如問李瓜報，問瓜李報，彼亦如是。我問現得報不？彼已無力答我，我即自念言：我是刹利王，水澆頭種，無緣殺出家人，繫縛驅遣。時，我懷忿結心，作此念已，即便捨去。」

又白佛言：「我昔一時至散若毗羅梨子所，問言：『大德！如人乘象、馬車，習於兵法，……乃至種種營生，皆現有果報。今者此衆現在修道，現得報不？』彼答我言：『大王！現有沙門果報，問如是，答此事如是，此事實，此事異，此事非異非不異。大王！現無沙門果報，問如是，答此事如是，此事實，此事異，此事非異非不異。大王！現無沙門果報，問如是，答此事如是，此事實，此事異，此事非異非不異。大王！現非有非無沙門果報，問如是，答此事如是，此事實，此事異，此事非異非不異。』世尊！猶如人問李瓜報，問瓜李報，彼亦如是。我問現得報不？而彼異論答我，我即自念言：我是剎利王，水澆頭種，無緣殺出家人，繫縛驅遣。時，我懷忿結心，作是念已，即便捨去。」

又白佛言：「我昔一時至尼乾子所，問言：『大德！猶如人乘象、馬車，……乃至種種營生，現有果報。今者此衆現在修道，現得報不？』彼報我言：『大王！我是一切智、一切見人，盡知無餘，若行，若住、坐、臥，覺寤無餘，智常現在前。』世尊！猶如人問李瓜報，問瓜李報，彼亦如是。我問現得報不?而彼答我以一切智,我即自念言:我是剎利王,水澆頭種,無緣殺出家人,繫縛驅遣。時,我懷忿結心,作此念已,即便捨去。是故,世尊!今我來此問如是義:如人乘象、馬車,習於兵法,……乃至種種營生,皆現有果報。今者沙門現在修道,現得報不?」

佛告阿闍世王曰:「我今還問王,隨意所答。云何,大王!王家僮使、內外作人,皆見王於十五日月滿時,沐髮澡浴,在高殿上與諸婇女共相娛樂,作此念言:咄哉!行之果報乃至是乎?此王阿闍世以十五日月滿時,沐髮澡浴,於高殿上與諸婇女五欲自娛,誰能知此乃是行報者?彼於後時,剃除鬚髮,服三法衣,出家修道,行平等法。云何,大王!大王遙見此人來,寧復起念言:是我僕使不耶?」

王白佛言:「不也,世尊!若見彼來,當起迎請坐。」

佛言:「此豈非沙門現得報耶?」

王言:「如是,世尊!此是現得沙門報也。」

「復次,大王!若王界內寄居客人食王廩賜,見王於十五日月滿時,沐髮澡浴，於高殿上與諸婇女五欲自娛，彼作是念：咄哉！彼行之報乃如是耶？誰能知此乃是行報者？彼於後時，剃除鬚髮，服三法衣，出家修道，行平等法。云何，大王！大王若遙見此人來，寧復起念言：是我客民食我稟賜耶？」

王言：「不也，若我見其遠來，當起迎禮敬，問訊請坐。」

「云何，大王！此非沙門現得果報耶？」

王言：「如是，現得沙門報也。」

「復次，大王！如來、至真、等正覺出現於世，入我法者，……乃至三明，滅諸闇冥，生大智明，所謂漏盡智證。所以者何？斯由精勤，專念不忘，樂獨閑靜，不放逸故。云何，大王！此非沙門得現在果報也。」

王報言：「如是，世尊！實是沙門現在果報。」

爾時，阿闍世王即從座起，頭面禮佛足，白佛言：「唯願世尊受我悔過！我為狂愚癡冥無識，我父摩竭瓶沙王以法治化，無有偏枉，而我迷惑五欲，實害父王。唯願世尊加哀慈愍，受我悔過！」

佛告王曰：「汝愚冥無識，但自悔過，汝迷於五欲乃害父王，今於賢聖法中能悔過者，即自饒益，吾愍汝故，受汝悔過。」

爾時，阿闍世王禮世尊足已，還一面坐，佛為說法，示教利喜。王聞佛教已，即白佛言：「我今歸依佛，歸依法，歸依僧，聽我於正法中為優婆塞！自今已後，盡形壽不殺、不盜、不淫、不欺、不飲酒，唯願世尊及諸大衆明受我請！」

爾時，世尊默然許可。時，王見佛默然受請已，即起禮佛，遶三匝而還。

其去未久，佛告諸比丘言：「此阿闍世王過罪損減，已拔重咎，若阿闍世王不殺父者，即當於此座上得法眼淨，而阿闍世王今自悔過，罪咎損減，已拔重咎。」

時，阿闍世王至於中路，告壽命童子言：「善哉！善哉！汝今於我多所饒益，汝先稱說如來指授開發，然後將我詣世尊所，得蒙開悟，深識汝恩，終不遺忘。」

時，王還宮辦諸餚饍種種飲食，明日時到，唯聖知時。

爾時，世尊著衣持鉢，與衆弟子千二百五十人俱，往詣王宮，就座而坐。時，王手自斟酌，供佛及僧，食訖去鉢，行澡水畢，禮世尊足，白言：「我今再三悔過，我爲狂愚癡冥無識，我父摩竭瓶沙王以法治化，無有偏枉，而我迷於五欲，實害父王。唯願世尊加哀慈愍，受我悔過！」

佛告王曰：「汝愚冥無識，迷於五欲，乃害父王，今於賢聖法中能悔過者，即自饒益，吾今愍汝，受汝悔過。」

時，王禮佛足已，取一小座於佛前坐，佛爲說法，示教利喜。王聞佛教已，又白佛言：「我今再三歸依佛，歸依法，歸依僧。唯願聽我於正法中爲優婆塞！自今已後，盡形壽不殺、不盜、不淫、不欺、不飲酒。」

爾時，世尊爲阿闍世王說法，示教利喜已，從座坐起而去。

爾時，阿闍世王及壽命童子聞佛所說，歡喜奉行！

《長阿含・第二十七經》

國家圖書館出版品預行編目資料

長阿含經選集／（後秦）佛陀耶舍 竺佛念翻譯. --
初版. -- 新北市：華夏出版有限公司, 2022.09
面： 公分. --（Sunny 文庫；101）
ISBN 978-986-5541-39-2（平裝）
1.阿含部

221.81 109019838

Sunny 文庫 101
長阿含經選集

翻　譯　（後秦）佛陀耶舍 竺佛念
印　刷　百通科技股份有限公司
電話：02-86926066 傳真：02-86926016
出　版　華夏出版有限公司
220 新北市板橋區縣民大道 3 段 93 巷 30 弄 25 號 1 樓
電話：02-32343788　傳真：02-22234544
E-mail：pftwsdom@ms7.hinet.net
劃撥帳號　19508658 水星文化事業出版社
總經銷　貿騰發賣股份有限公司
新北市 235 中和區立德街 136 號 6 樓
電話：02-82275988　傳真：02-82275989
網址：www.namode.com
版　次　2022 年 9 月初版一刷
特　價　新臺幣 450 元（缺頁或破損的書，請寄回更換）

ISBN-13：978-986-5541-39-2